우리는 차별에
찬성합니다

우리는 차별에
찬성합니다

SPRING 野

更具体地生长

All This Wild Hope

不安的状态还在持续，
他们就像乐谱中的反复记号，
被困在这个讽刺的情境里。

对失败者的偏见背后，
其实是对失败的恐惧。

우리는 차별에
찬성합니다

"我们赞成差别对待"

오찬호

变成怪物的年轻一代

[韩] 吴赞镐　著

六一　译

GUANGXI NORMAL UNIVERSITY PRESS
广西师范大学出版社
·桂林·

图书在版编目（CIP）数据

"我们赞成差别对待"：变成怪物的年轻一代 /（韩）
吴赞镐著；六一译. —— 桂林：广西师范大学出版社，
2025.2（2025.4重印）
　　ISBN 978-7-5598-6839-8

　　Ⅰ.①我… Ⅱ.①吴… ②六… Ⅲ.①社会发展 – 研
究 – 韩国 Ⅳ.①D731.26

中国国家版本馆CIP数据核字〔2024〕第092264号

著作权合同登记号桂图登字：20-2023-084 号

WOMENZANCHENG CHABIEDUIDAI BIANCHENGGUAIWUDE
NIANQINGYIDAI
"我们赞成差别对待"：变成怪物的年轻一代

作　　者：（韩）吴赞镐
译　　者：六　一
责任编辑：彭　琳
特约编辑：徐子淇
装帧设计：汐　和 at compus studio
内文制作：陆　靓

广西师范大学出版社出版发行
　　广西桂林市五里店路 9 号　邮政编码：541004
　　网址：www.bbtpress.com
出版人：黄轩庄
全国新华书店经销
发行热线：010-64284815
北京启航东方印刷有限公司印刷
开本：787mm×1092mm　1/32
印张：6.5　　　　字数：114千
2025年2月第1版　2025年4月第3次印刷
ISBN 978-7-5598-6839-8
定价：49.00元

如发现印装质量问题，影响阅读，请与出版社发行部门联系调换。

目 录

前　言

现在二十多岁的年轻人很危险

你知道最近在韩国二十多岁年轻人中很流行的"清醒梦"（lucid dream）吗？有新闻报道称，在清醒梦的状态下，人可以意识到自己身在梦中，随心所欲地控制梦中环境，实现自己的欲求。因此，在灰暗的现实世界中受挫的年轻人，正在试图用清醒梦逃避现实。相关网络论坛中，有各种各样做清醒梦的方法，甚至还有点击量超过十万的清醒梦相关手机软件。要知道，清醒梦本是治疗创伤和压力导致的心理疾病的一种疗法。

"未来"二字给如今的年轻人带来了巨大的不安和忧虑，清醒梦就是最鲜明的体现。"88世代"[1]"三抛世代"[2]"飞特族"[3]"袋鼠族"[4]"剩余世代""就业

---

[1] 指代韩国月平均工资为88万韩元的二十多岁年轻人。按照目前汇率，88万韩元约为人民币4500元。

[2] 为"N世代"（net generation，网络世代）的衍生词，指抛弃了人生基本追求的网络世代年轻人。

[3] 指以打工或兼职为生，用多少赚多少的人。原文来自英文"freeter"，即英文"自由"（free）与德文"工人"（arbeiter）的复合词。

[4] 指在经济上仍依赖父母的年轻人。

难民世代"……种种凄惨标签层出不穷。当然，对于一直让年轻人贴着这些标签的可悲现实，已经有了很多分析和判断——有人建议年轻人团结起来，在政治层面采取行动做出改变；有人宽慰他们青春本来就是疼痛的，没在狂风中挣扎过的花朵不会长久；还有人期待在国内外普遍的经济萧条缓解后，一切问题就能迎刃而解；甚至还有人鼓励他们不要自嘲为"剩余"之人，而要积极地肯定这个特点……

长期以来，我奔波于多所大学做讲师，得以近距离观察二十多岁的大学生群体。我发现，以上分析都只看到了年轻人的一半，而另一半，是他们在暗无天日、弱肉强食的社会中疯长的阴暗面。夸张一点说，他们为了在这个怪物世界里活下来，自己也成了怪物。他们是不合理的社会结构的受害者，也是加害者，更是维系这种社会结构的帮凶。

现在韩国年轻人都在整齐划一的单行路上奔驰，以至于残酷的竞争正在成为所谓的"模范人生"。他们不是无可奈何才选择这种生活的，而是真心认为这才是值得颂扬的人生。不仅如此，比起质疑一生只能被高考（即学习能力）这一条准则"审判"的评价体系，他们更热衷于将学历歧视（学历等级主义）扩大再生产。他们把自我开发类书籍奉为人生的"至高经典"，明明心里已经因极端的自我管理饱受煎熬，表面上却为了得到一点点的竞争优势而不放过任何歧视他人的机会，甚至认为这才是"公平"。到底是什么把他们变成了这个样子？

说实话，作为一名教社会学的老师，我十分想知道其中的缘由。一方面，我知道这些年轻人活得很艰难，他们正在被所谓的治愈手段欺骗，因履历不够完美而惶惶不安；但另一方面，我又会因为他们这个样子感到可惜和郁闷，甚至气愤。要想找到解决问题的头绪，就得知道年轻人为何如此刚愎自用，是什么把他们逼到了这个境地。因此，作为一直近距离站在这些学生、弟弟妹妹、后辈身后的老师、兄长和前辈，只有探寻真相才是我能给他们的真正慰藉，这也是我的义务。这本书，就是我和二十多岁的大学生一起面对真相，潜心研究出的成果。

本书以我在 2008 年春天至 2012 年夏末所写的博士论文为基础，为便于更多人阅读，我将核心内容以大众化的角度重新加工，又加上了一些论文中未尽的内容。为了完成这本书，直到 2013 年的第二学期，我都没有停止观察和讨论。这期间，我仔细阅读了 2000 余篇学生的论文作业，对其中的 100 余篇做了集中分析；另外，我对 50 余名学生做了深度采访，观察他们在日常生活的方方面面中体现出的内心世界；最后，我又带着研究结果再次和他们展开讨论，验证我发现的"二十多岁大学生的特征"。本书中的事例大多是课堂上经过讨论或辩论、最能引起学生共鸣的事例。

因此，这本书不仅是我的研究成果，还是二十多岁年轻人的独白。为了最大限度地发挥社会学的意义，我引用了很多有代表性的真人真事，考虑到人言可畏，应该给他们的隐私提供最起码的保护，所以书中人物均采用假名。但涉及部分学校名时，为了使文章脉络清晰，易于理解，我只能直接写出实名。比如，如果我想把学历等级主义的细节完完全全地展现给读者，仅用"上游大学"这种笼统的表达方式是难以说清的。当然，希望事例中涉及的某些负面信息不会被视为该校的实际地位和整体风格，被提及的学校之所以被选中，也仅仅是因为笔者活动半径有限，希望不要造成其他误会。也许文中会出现一些让该校的校友感到不快的情况，但为了健康的社会批判环境，还请多多宽容谅解。

在非洲生活着一种羚羊——跳羚，偶尔可以看到它们成群狂奔，一起掉下悬崖摔死的场面。它们往往数千只生活在一起，如果前面的羊把所经之地的草都吃光，后面的羊就没有草吃了。所以后面的羊总是往前挤，前面的羊被挤着挤着就跑了起来。这时，后面的羊本可以在空出来的草地上悠闲吃草，可它们又怕离群太远，于

　　　　　　　　　"我们赞成差别对待"

是也跟着拼命跑起来。前面的羊被后面的羊挤着跑，后面的羊看到前面的羊跑就也跟着跑，没有理由，没有目的地，跑着跑着，直到遇到悬崖，同归于尽。反观现在韩国年轻人的样子，是不是和跳羚很像？

然而，我们不是跳羚，如果知道为什么必须停下来，就没有理由继续奔跑了。我们一定要像失控的火车一样按照既定的"轨道"狂奔吗？不是的，我们没有任何理由互相推挤，也没有任何理由要拼命追赶。既然我们不是"无脑羊"，就不该只知道奔跑，而是应该好好想想奔跑的理由。

探寻理由的方法有很多，从我们现在的情况出发，追溯原因，再寻找解决办法，想必是一条可行的道路。希望这本书能成为一面镜子，完整照出韩国二十多岁年轻人的真实面貌——不仅是光鲜亮丽的一面，还有一直受到歧视的一面。

吴赞镐

2013 年 11 月

第一章

想转正，根本就是"小偷"行径

非正式员工转正的要求成了不正当的"小偷"行径，就是"我付出了这么多时间，但你没有"的想法在作怪。如今韩国社会的氛围倡导年轻人用（或者说必须用）自我开发克服不良经济状况，但这只会让他们赖以生存的劳动市场环境变得越来越差。这种自掘坟墓的矛盾状态，是我很多疑问的出发点。

"随随便便就想转正怎么行！"

过去六年里，我的日常生活就是每学期往返于几所大学之间，与几百个二十多岁的大学生见面。然而，就在 2008 年 5 月 13 日这一天，发生了一件让我印象深刻的事，成为我此后四年致力于面向大学生研究的契机。

那时我在京畿道一所大学讲授"人权与和平"课程。我每周会挑选一个社会热点作为主题，并从普遍人权的角度讲解。那天的主题是因长期罢工引起社会关注的"KTX[1] 女乘务员要求转正事件"，和以往并没什么不同。该事件经过大概是这样的：女乘务员方提出，2004 年被录用时得到过铁路公司方转正的承诺，而公司方则表示没有承诺过，当时她们是明确知道自己是作为合同制员工入职的，于是双方便产生了冲突。之后公司表示，

---

[1] 韩国高速铁道（Korea Train Express）。

可以让她们转成外包企业"铁路流通"(旧称"弘益会")的正式员工，而女乘务员方以不符合当时的约定为由拒绝了。从2006年3月开始，350余名女乘务员开始罢工，提出"直接转为铁路公司正式员工"等要求，而公司方保持了一贯的强硬立场，造成了相当大的社会影响。

说实话，关于这个事件，我最初根本没想以学生互相交换意见的"讨论"形式展开。讨论是什么？交换不同的想法，最终扩充整个智慧思考的总量才是其意义所在，不是吗？而且这节课是人权课，目的就是告诉不清楚人权具体范围的学生，何为人权侵害。何况上述的"KTX事件"已经过了客观听取双方意见的阶段，以"这完全是公司的错"来理解并不困难。(该事件引发了关于劳动者地位的"法律攻防战"，乘务员方在四次诉讼中胜诉三次。当然，法律判决不是绝对标准，但这件事错在公司方是没什么异议的。)所以，一开始论题就不是"谁对谁错"，而是公司方"做错了什么"(不，应该说至少我当时是这么想的)。因此，我认为二十多岁的大学生们关心非正式员工恶劣的工作环境，积极看待他们转正的诉求，才是强调合理社会连带意识的想法，也符合"人权与和平"这个课程名。

但是，一个学生的发言让我的预想全部落了空。工商管理专业的大四学生K(当时二十七岁)毫不犹豫地说："随随便便就想转正怎么行！"在那一瞬间，我其

"我们赞成差别对待"

实有点担心他。为什么？血气方刚的大学生，像以前许多二十多岁的韩国年轻人那样，表现出一些进步倾向不是很自然吗？在漫长的人生旅程中，这个年纪不正是想尝试那么一次"进步cosplay"的时候吗？更何况这节课并不是一切讲求效率至上的工商管理专业课，而是探讨社会问题解决之策的社会学专业课，来听这节课的学生们也应该都是有些进步倾向的，怎么会出现这种发言！为了不使K被看作"教室里总会有的那个老古板"而成为众矢之的，我甚至已经在思考如何巧妙地帮他挽回局面了。

然而，事实证明，我的担心是多余的。因为那一瞬间，整个教室里只有我有这种想法。大课上多了，有时能自然而然地感觉到某些"特定氛围"，那一刻便是如此。K好像说出了大多数学生的心声，这种感觉平静却又强烈地蔓延了整个教室。看着K的其他学生眼中露出了"就是这个！说得好啊"的赞同目光。很快，安静的教室里响起"你也是这么想的吧"之类的窃窃私语。在周围噪声的鼓励下，K带着更强的攻击性说了下去：

"我认为改善待遇和转正完全是两码事。现在的大学生为什么这么辛苦？不就是为了能成为正式员工吗？她们入职的时候就是非正式员工，却突然闹着要转正，我认为这不是正当的行为。"

K的态度没有一丝动摇，语气也是斩钉截铁、大义凛然的，而且他的自信是有理由的，因为情势已经在向他倾斜。我让同意 K 意见的学生举手，超过三分之二的学生表示了支持。现在我反而要担心自己了，在这个气氛下，如果坚持原来的课程思路，那十有八九要落个"一厢情愿"的标签了。最后，那堂课的主题变成了和最初方向完全不同的"非正式员工的转正要求是否过分"，我和学生展开了辩论，就像"全经联"[1] 举办的活动那样。

就连平时在时事问题上表现出相当进步倾向的学生，也对"非正式员工要求转正"表示了明确反对。作为韩国社会具有代表性的弱势群体，非正式员工仅仅是希望能够转正而已，可对二十多岁的大学生来说，他们的诉求却不是该在人权范畴内讨论的事，我反而还要遭到"赞同转正才是更不道德的""民主主义是万能钥匙吗"的反驳。面对这意料之外的状况，我满头大汗，孤立无援，即使在五年后的今天，我也记忆犹新。

这种反应不是只发生在那个教室里的例外，看看网络上二十多岁的年轻人对此事的看法就知道了。以下看法和那天支持 K 的学生们的意见和逻辑很相似，更具体地展现了"为什么"会有这种主张：

---

[1]　即全国经济人联合会。1961 年成立，以韩国制造业巨头为主导，由各行业经济团体组成。2023 年起更名为韩国经济人协会。

　　　　　　　　　　　　"我们赞成差别对待"

女乘务员们明知自己是作为外包公司的合同制员工入职的，现在却主张要求转为铁路公司的正式员工，这简直是无稽之谈……想要进入铁路公司十分困难……别人都要准备好几年，托业[1]要超过九百分才能勉强被录用……如此觊觎正式员工的位置可以说是小偷行径了吧？努力和回报是成正比的，女乘务员们如果想成为铁路公司的正式员工，那么请堂堂正正地通过入职考试。

概括以上言论，以及那天课堂上的气氛，结论是：女乘务员们的处境是当初以合同制员工为目标努力后得到的"公正"结果，再莫名其妙地要求转为正式员工是"不正当"行为（确切地说是要求正式员工的"待遇"，即"薪酬"），尤其是在现今就业竞争无比激烈的节骨眼上，这种要求就是"小偷"行径——"如果不接受公平竞争的结果，要么辞职，要么更加努力争取更好的岗位，现在就业已经很困难了，这些小偷还抢我们饭碗，这不公平！"

工人们只是为了"活得像人一样"，或者说，只是为了反对"同工不同酬"而要求转正、开展罢工。暂且不论给他们贴上"小偷"的标签究竟是否妥当，只是"小

---

[1] 国际交流英语测试（Test of English for International Communication, TOEIC）。

第一章　想转正，根本就是"小偷"行径　　　　　　　　　　17

偷"一词不是从别人，而是从二十多岁的大学生们的嘴里说出来，这和过去相比，无疑是很不一般的现象。当然，对我来说是"不一般"，但对现在的普通大学生们来说，可能是"一般"的。在那之后，我也经常能在二十多岁的大学生身上看到类似的反应——那不是只发生在那天的小插曲，而是一种如今可以轻易从他们身上确认的鲜明的"共同特征"。

那天的教室事件后，我开始关注二十多岁大学生的这种反应。其实，只要是在学校实地考察过的人，谁都能了解到近年的大学生对非正式员工的态度，但确认其中的原因并不简单。于是我把目光放在了他们的一系列自我合理化"根据"上，他们因为有了"根据"，所以更加确信，所以毫无顾忌。

他们有自己清晰的逻辑，所以对此深信不疑——我为了成为正式员工这么辛苦，非正式员工没吃过苦就想转正，这当然是不能容忍的。这种想法、这种确信，到底从何而来，又是如何产生的？

同病相怜？不存在的！

我之所以认为大学生会对非正式员工的主张产生共鸣，是因为在我看来，现在他们的处境和 KTX 女乘务员们是一样的。以同病相怜的立场，支持非正式员工为了更安稳的生活提出的"转正"要求，也是有助于让自己的未来更加安稳。但是，大学生们的反应却并非如此，实在出乎我意料。当然，也是我一开始太想当然了，才和那堂课的学生们产生了分歧，但这是因为我不了解如今二十多岁年轻人的生活吗？不，如果不是对他们的痛苦有着深深的共鸣，这些研究根本就不可能开始。

和他们产生共鸣，也无须什么特别的信息，更何况身为哥哥辈的我一直在大学这个空间里看着他们：巨额的学费，有限的居住空间，基本生活都捉襟见肘；从寄宿变成独居，从一居室换到考试院，4000 到 5000 韩元一顿的餐费都不舍得，用路边小吃摊 2000 到 3000 韩元的"杯饭"[1] 代替，更有甚者直接不吃午饭。以 2012 年的数据为准，不吃午饭的人中，二十多岁年轻人占比12.3%，是所有年龄段平均占比（6.4%）的一倍。[1]

被就业门槛拦住去路的更是大有人在。兼顾专业适配度和学历水平的工作已经成为奢侈，即使海投简历，也有 42.9% 的人甚至无法参与基本经济活动（以 2011年 2 月大学毕业生就业情况为准），这个比例在 2003 年时仅为 26.7%。由此可见，韩国的就业形势已经严峻到了何等程度。[2]

---

[1]　重量和价格都仅为一般便利店贩卖的盒饭的一半。

雪上加霜的是，诈骗犯也盯上了他们。有的骗子借口"要在公司工作，就得给公司投资"给高利贷搭线；还有骗子利用就业不得不提供个人信息这一点，诱使学生开通非法手机；把数十名大学生关在地下室进行传销活动的"巨马大学生事件"（因以首尔市巨余洞和马川洞为据点而得名）更是一度成为社会焦点……即便如此，被非法传销组织控制的大学生还是只增不减，因为他们就是就业市场中难免受到伤害的弱者，这就是弱者的处境。

一直在做事（劳动），却总是处于不稳定的状态，这种新生的时代现象，不只出现在特定年龄段；像"穷忙族"（working poor）、无产者(proletariat)和不稳定(precarious)的合成词"不稳定无产者"(precariat)，也不只用来描述二十多岁的年轻人。虽然每个人都在经历时代的痛苦，但唯独二十多岁的年轻人受的影响最大——"李太白"[1]这种词想必已经不用我解释了，"青年失身"（大学毕业即失业，或因无法偿还助学贷款成为征信不良者）、"homepany"（即 home 和 company 的组合，指在家疯狂投简历）、"颈环"（被就业勒住脖子）、"十五夜"（十五岁后前路一片黑暗）、"青年无业游民全

---

[1] "二十多岁的人中有大半是无业者"（이십대 태반이 백수）的缩略语，即"李太白"（이태백）。

盛时代"、"三一绝"（三十一岁还没找到工作的绝望）、"勤工俭学"（学费不够靠打工凑）……过重的生活负担，催生出放弃恋爱、结婚、生育的"三抛世代"，还有无法拥有工作、收入、房子、恋爱（结婚）、后代甚至希望的"六无世代"……这些新造词背后，不仅是年轻人的窘迫境况，还是他们无能为力的绝望未来。它们清楚地说明，仍以过去的方式去理解他们是不合适的。

青年失业率一直是全年龄段里最高的，即使社会全体劳动岗位增加，青年层也常被排除在外，即使最后就业了，青年层也要面对工资水平比其他年龄段都低的现实，全体劳动者工资的增长率已是负数，青年层的工资更是直线下降。应届生正式员工就业比例逐年减少，非正式员工就业者的比例越来越高，以兼职打工为生的劳动者也是每年破纪录地增长。总而言之，二十多岁的年轻人正站在"悬崖"边上，如果雇佣环境不稳定，那么个人也只能畏缩不前，二十多岁年轻人的自杀率不断上升，就是这种"畏缩状况"造成的。

这就是我理解并亲眼所见的二十多岁年轻人的生活和他们所处的环境。从社会结构看，让年轻人和非正式员工如此艰难的原因并没有什么不同，所以我曾期待他们可以"同病相怜"，但那种反应没有出现，因为年轻人在现实中体会到的并不是这样。

里层逻辑是显而易见的。即使是在韩国政府主导的统计下，合同制员工依然占韩国全体劳动者的33%，人数直逼600万。未来的年轻人，不管怎样都能活下去，但大部分还是会作为雇佣劳动者生存下去，这是既定事实。也就是说，他们中相当一部分人都会成为那600万中的一员。既然如此，难道不应该希望未来生存的环境可以好一点吗？非正式员工的人数减少，痛苦的年轻人才会少一些啊？

但相反的，对他们来说，这种理解方式是不存在的，他们并不觉得关注和支持非正式员工的要求是帮人帮己——到底是什么样的社会结构造成了这种情况呢？

成为非正式员工，是因为没努力自我开发？

现在围困年轻人的社会结构问题，比过去更加严重和残酷了。即便如此，我们也不知道说什么才能安慰他们。他们陷在前所未有的困境里，我们简简单单说一句"努力就会有好的结果"或者"你们这一代就要这样"就能鼓励他们吗？说白了，"因为痛，所以是青春"或"吃得苦中苦，方为人上人"对于改善他们的生活和现实处境根本起不到丝毫作用。

"我们赞成差别对待"

举个例子，假设一百个人里只有二十个人可以成为正式员工，在这种情况下，只要拼死努力就能成为正式员工吗？这其实和个人努力与否无关，横亘在他们面前的，明明是一百个人中的八十个都无法成为正式员工的事实，是整个"蛋糕"的问题。如果这时还用上面的话激励他们，从无法成为正式员工的第二十一个人开始，就都会被认为"没有努力"，这像话吗？

现在的情况不是个人更努力一些就能解决的。因此，支持非正式员工提高待遇，特别是转正这种保障劳动者基本生活权利的要求，对年轻人自身的未来也有好处。但是，至今他们的脑海里都没形成这种逻辑结构，对他们来说，这不是支持的理由，确切地说，他们脑子里只有反对的理由。

二十多岁的年轻人会对这种倾向说"不要找借口，要努力开发自己"，然后干净利落地划清界限；那些无论怎么努力都只能感到痛苦的年轻人，反而在认真倾听并遵从社会的无理要求。让我们来更具体地了解下吧，下表是在网络书店搜索关键词"二十多岁"时出现的分类结果。

表 1　在网络书店搜索"二十多岁"的结果

搜索日期：2012 年 2 月 26 日

网络书店	分类结果（数量）	
教保文库	自我开发（145）	就业 / 进修参考书（6）
	经济 / 管理（51）	政治 / 社会（6）
	外语（17）	小说（6）
	诗 / 散文（13）	技术 / 工学（3）
	宗教（11）	旅行 / 游记（3）
	人文（10）	历史（2）
	健康（8）	漫画（1）
		幼儿（1）
YES24	自我管理（109）	青少年（5）
	商务 / 经济（41）	人文（5）
	文学（13）	宗教（5）
	社会（7）	儿童（2）
	健康 / 兴趣 / 实用（6）	艺术 / 大众文化（1）
阿拉丁	自我开发（128）	健康 / 兴趣 / 休闲（6）
	经济 / 管理（86）	儿童（6）
	散文（23）	父母（3）
	外语（19）	旅行（3）
	人文学（18）	历史（2）
	社会科学（13）	艺术 / 大众文化（2）
	宗教 / 易学（12）	漫画（1）
	青少年（10）	

　　从上表可以明显看出，和二十多岁年轻人相关的图书市场局限在了特定领域（并且无论何时搜索结果都大同小异）。如下表将数据综合来看，全部和"二十多岁"相关的书籍中，有 69% 是自我开发和经济、管理领域的，

　　　　　　　　　　　　　"我们赞成差别对待"

现在三者实际上已经属于同一范畴。过去的管理类书籍专业性很强，以提高生产力和营销技巧的讨论为主，而现在的内容就是把管理手法应用到人的一生中，"致力于编织让劳动者自我催眠和自我激励的花言巧语"。[3]

即使不在上述分类中，也有无数图书会涉及"管理好自己就能如何如何"的讨论。销量榜前十的二十多岁相关书籍中，有八九本都是教人这样生活、那样生活、不要做这个、不要做那个之类的论调，也就是所谓的自我开发类书籍。

表2 "二十多岁"相关图书市场各类别占比

（三家网络书店合计）

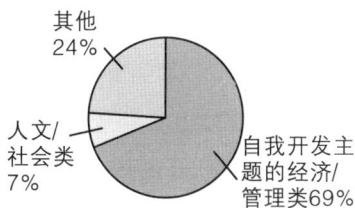

其他 24%

人文/社会类 7%

自我开发主题的经济/管理类69%

一般认为，自我开发类书籍是从20世纪90年代开始畅销的，在那之前，"自我开发"的说法并没有如今这般常见，确切地说，至少不包含今天我们感受到的"巨大压力"。无论过去还是现在，人们都对成功抱有渴望，但和现在不同的是，那时对所有人来说，"在自己的人生轨道上努力生活"就是通往成功的道路。也就是说，只要在学校努力学习，或在岗位上努力工作，即使做不到十分完美，社会也会确实地给予回报。所以当时大学毕业生在三十岁前结婚，生一两个孩子，并且在十年之内购置一套自己的小房子，是非常自然的事情。即使是高中毕业生，也只是在达成时间和规模上会有一些差异，结果并不会有太大不同。没什么值得担心的，更不存在痴心妄想，不用听一句关于自我开发的废话，人们也能创造基本的幸福。当然，这也得益于工业社会带来的经济高速增长。

然而，从 20 世纪 80 年代末开始，职业环境不断变化，出现了对信息化能力和外语的要求。于是，"自我开发"行动方针应运而生，但当时它只是一种职场用语。不管有没有这个词语，人们也依然努力地生活着，在职场中也只有提高业务能力层面的含义。在这种情况下，即使都说自我开发对现代人是多么"不可或缺"，当时也多少会有一些二十多岁的年轻人不置可否。他们是每个时代的例外，他们可能有些莽撞，但在对抗世界主流意识形态的斗争中，还是可以找到自己的社会意义。时至今日，一切都变了样，从相关图书销量榜就可以看出，对于现在的二十多岁年轻人来说，自我开发已然成为"必须"。

表 3 "二十多岁"相关图书销量榜

出处：教保文库网

搜索日期：2012 年 2 月 26 日

销量排名	分类	书名
1	经济／管理	《姐姐的秘密存折：三万变一亿的二十岁专用理财法》
2	自我开发	《奔向自由人生的成人学习法》
3	自我开发	《二十多岁的年轻人，营造自己的舞台吧：从潦倒配角到年薪十亿，独立女性刘秀妍的成功秘诀》
4	经济／管理	《年轻人经济生活第一步：学到就用到的生活经济知识 101》
5	自我开发	《二十多岁的年轻人，疯狂自我开发吧：改变你的三十天计划》
6	自我开发	《二十多岁，决定女人的一生》
7	自我开发	《二十多岁结识人脉，三十多岁疯狂工作》
8	政治／社会	《这如何不是青春：和年轻人一起写就成长的人文学》
9	自我开发	《心理学问青春》
10	自我开发	《年轻人的心理学：成就未来的自己，给二十岁年轻人的人生讲义》
11	经济／管理	《年轻人绝对能用到的经济常识：就业和创业，经济独立前一定要知道的经济常识》
12	经济／管理	《大韩民国的年轻人，爱上理财吧》

这里除了第八位的《这如何不是青春》，其他挂着二十多岁年轻人的名头的畅销书，内容都一目了然。自我开发书的畅销不只在出版市场上具有意义，还暗示了年轻人现在面临的环境是相当特殊的，这些数据在体现年轻人世界的文化观测指标上也有意义，简言之即"不要找借口，要努力开发自己"[4]的氛围。这就是二十多岁的年轻人从外部接收的要求，也是他们在课堂上做出的反应的核心。

但话说回来，让二十多岁的年轻人读自我开发书，他们也认真读了，这有什么问题吗？谁会否认现代社会就是"自我开发"的时代呢？也许"时代"这个词过于宏大，但人们对自我开发的关注度无疑是十分高涨的。我们暂且不谈自我开发书的内容如何，毕竟很多人确实从这些书中获得了战胜逆境的动机和动力，尤其是那些在就业难中挣扎的二十多岁年轻人。但即便如此，我依然不想看到自我开发和二十多岁年轻人这两个词捆绑在一起。

自我开发的"套路"很多，比如，管理学从适应组织的层面入手，心理学注重个体的自我治疗，教育学则强调终身学习……[5]虽然方式各不相同，但这些自我开发都有一个共同点——没有"成果"。换言之，如果没有提出实际的解决之策，自我开发就是无用的。如此看来，现在二十多岁的年轻人真是因为实现了所追求的目

　　　　　　　　　　"我们赞成差别对待"

标，才热衷自我开发的吗？

不管怎么看，现在的自我开发套路都只有"应该怎么做"的劝诫，而没有"相应的结果"。如果一个人认同自我开发为克服现状的唯一真理，他要么应该已经适应了组织，要么得到了自我治疗，或者开始用一生钻研一门技术。但是，二十多岁的年轻人到底得到了什么呢？"没有结果"。

不知从何时开始，比起拼命努力获得成功的事例，拼命努力却一无所获的例子变多了。只要十秒钟，就能在网上找到很多令人痛心的相关统计数据。觉得年轻就是武器，对未来抱着些许不切实际的希望的人，近来几乎也看不到了。在人人都该享有的基本幸福已然成为奢侈品的奇异社会里，把偶然的成功事例包装成通过自我开发人人都能实现的样子大肆宣传，压迫个人，其后果就是无处诉苦的年轻人变得越来越扭曲。但问题就在于，纵使自我开发和成功之间的距离如此之远，不，也许应该说"正因如此"，自我开发才总是被提起。

自我开发可以克服困难的逻辑，只会让人觉得一辈子都在"克服困难"。二十多岁的年轻人因为不安才接受了自我开发的说法，想借此渡过难关。但不幸的是，不安的状态还在持续，他们就像乐谱中的反复记号，被困在这个讽刺的情境里。如果所有人都加入自我开发的队伍中，由于参与者数量巨大，人们总能发现一个成功的事例，视其为自我开发可行性的客观证据；同时，当这微乎其微的成功率显现之时，成千上万未能达成目标的例子将被简单地归结为一句"不够努力"。遭受挫折的自我越多，自我开发书的市场就越大，这道理显而易见——读自我开发书就是"上钩了"！

也许我的看法有些极端，那么请看看当今世界自我开发逻辑的冰山一角吧。畅销榜上的《二十多岁的年轻人，疯狂自我开发吧》一书认为，二十多岁的年轻人能力不足，所以需要努力自我开发，为此，改变思维方式十分重要。首先，要相信积极的话语，比如一直对自己说"我可以做到""我正在实现梦想""我一定会成功"等就会成功，而如果总说"我真的能做好吗""这样下去失败了怎么办""好累""好烦""要死了"等消极的话语就会失败；同时，作者还强加给读者"不允许失败"的思维方式，"如果你二十多岁时的生活不是你十多岁时梦想的样子，在怪命运和环境之前，先怪自己的嘴"。

该言论的局限性已经无须多言。当今韩国年轻人在失业中挣扎，是因为他们比其他的世代更懒惰、更愚笨、更无知、更消极吗？简直是无稽之谈。[6]

如果说"努力不足"是一个人失败的决定性因素，那为什么这种"不足"会随着经济实力的差距呈现出明确的区分呢？为什么家庭收入和个人成功有很多成比例关系的指标？不是说就业失败的理由中不存在个人因

"我们赞成差别对待"

素，但是，就像成功并不是百分百由个人能力决定，失败也应是如此。

想来如今二十多岁年轻人的痛苦，早已不是一句"要学会自己克服"就能鼓励的了！我们之所以关注到他们，是因为现在的世道，即使他们努力地自我开发，做好身体和时间管理，也无法得到相应的回报。我很肯定"年轻嘛，还有机会"这样的话，只是让人暂时逃避现实痛苦的吗啡；被困在结构闭环里的年轻人还是会被"没有努力自我开发，没有做好身体和时间管理的人才会被淘汰，全都是自己的责任"[7]的想法一点点浸染。

可以肯定的是，自我开发类书籍横扫销售榜前十证明了二十多岁的年轻人依然坚信，至少希望自我开发是他们的出路。"积极和努力"正以一种正确逻辑的姿态侵蚀着二十多岁的年轻人——如果通过努力获得的地位就是"非正式员工"，就应该毫无怨言地接受。冥冥之中，这与他们明确拒绝支持KTX女乘务员转正要求的样子呼应了。

既然如此，二十多岁的年轻人是因为自己正在进行自我开发，或处于必须自我开发的境遇之中，才对非正式员工的转正要求那么冷淡吗？

或者说，二十多岁的年轻人淡薄（在我看来是淡薄，在他们看来也许理所当然）的社会连带意识，源自以"饭碗斗争"的形态笼罩着所有人的时代阴影吗？所以他们不去想"我以后也会成为劳动者，如果正式员工的位置能多点就好了"，而是坚信"那些人占了我正式员工的位置，简直就是小偷"吗？

为了克服不安而变成了不安的人

为什么大学生对 KTX 女乘务员转正的要求如此敏感？这个问题其实有个与过去完全不同的前提——如今二十多岁的年轻人是经济上的弱者，所以不能用以前"努力就能成功"的普遍人生轨迹理解他们的情况。然而，摆在他们面前的答案，他们热烈欢迎的答案，还是名为自我开发的经典训诫。

在他们的人生中，自我开发并不是什么宏伟的事业，其实只是一种就业准备而已。虽偶有例外，但大部分年轻人从大学入学开始就在被迫进行义务性的自我开发，把时间都投入这里了。在这一过程中，"我到底是为了什么付出这么多时间"的想法就自然而然地出现了。因此，没能成为正式员工只是不够努力的结果，非正式员工转正的要求成了不正当的"小偷"行径，就是"我付出了这么多时间，但你没有"的想法在作怪。如今韩国社会的氛围倡导年轻人用（或者必须用）自我开发克服不良经济状况，但这只会让他们赖以生存的劳动市场环境变得越来越差。

　　　　　　　　　　　"我们赞成差别对待"

这种自掘坟墓的矛盾状态，是我很多疑问的出发点，其中最困惑我的就是，年轻人投身自我开发的种种反应与表现，也许不是"特定某个人"的行为和想法，而是当今社会背景下一直存在的"模式"，甚至可以归结为结构问题。自我开发已经成了多么平常的事情，这种平常又给年轻人的内心种下了怎样的想法，这些想法在遇到特定问题时又会表现为何种反应……不证明以上问题，这一模式终究无法成为社会学范畴的主题。

自发支持让自己成为弱者的环境，简直是某种黑色喜剧。本书在之后的内容里，会一步步探索让这黑色喜剧上演的年轻人的日常机制。二十多岁的年轻人对非正式员工的立场，其实渗透在他们日常的点点滴滴里。那种"特有的冷静、理性和客观"，不仅针对非正式员工罢工等热点问题，在和同辈群体的关系中，还以各种不同的形态无意识地运作着，因为他们有属于自己的、无比理所当然的理由——突然提出转正是不公平的，是犯规，而自己的反应在某种意义上来说是对不义的"反抗"。本书也将进一步揭示这种贫乏的公正概念。

然而实际上，在积极地、煽动性地鼓励这种混乱的社会氛围下，对自我开发的质疑渐渐被视为一种禁忌。就这样，所有的问题又都回到了个人身上，解决问题的办法也就只剩"个人的努力"。更让人心痛的是，自我开发书卖得越好，深受其鼓励并实践自我开发的人越多，陷入绝望的二十多岁年轻人的悲惨故事也就越多。即便如此，对年轻人的劝导，以及年轻人欣然应和的，还是只剩自我开发——尽管这只是赤裸裸的沼泽和陷阱。

当然，本书并不只关注二十多岁的人群，生活在这个自我开发时代的所有人，都是本书想要讲述的"时代的受害者"。自我开发固然有优点，电视上的名人也只讲这些优点，只想着优点，信念就会格外坚定，自我开发的陷阱也就变得更加牢固；在这期间，副作用慢慢累积，当事人却无法看清自己的真实状态。但通过本书，读者可以看到自己身边的二十多岁年轻人是如何为了克服不安而变成了不安的人，从而给自己一个自省的机会。

本书将以明确的群体特征为出发点，向读者展示劝导自我开发的疯狂社会究竟创造出了怎样一代人，揭示让年轻人无法与他人共情的模式与结构的真实面目，以及其实现稳定再生产的原因。就业不稳定，失业成常事，被解雇的恐惧仿佛已经成为人类与生俱来的情绪。在这样的现代社会中，韩国二十多岁的年轻人究竟过着怎样的生活，本书也将慢慢道来。我期望找到一丝线索，打破这个陷入死循环的错误系统；也想确切地知道，对痛苦煎熬的年轻人来说，什么样的话语可以成为真正的慰藉。希望这真正的慰藉将是改善他们所处的歪曲社会环境的第一步，直到慰藉不再是慰藉，而是每个人心中的准则。

"我们赞成差别对待"

第二章

以自我开发图书里滚烫的热情看世界

二十多岁的年轻人之所以沉迷自我开发，是因为不想成为他们看不起的"那些人"。他们执着于自我控制式的自我开发，随之而来的是对"时间管理"的强烈信念，这种信念最后又成为评价他人的刻板观念。这样下去，他们看世界的观点只会变得越来越极端和狭窄，但这就是他们的命运。

自我开发之悖论

学期结束后，我偶尔会收到学生让我多给点分数的殷切请求，特别是等级式相对评价的课程，如果不幸掉到下一个等级，有的学生更是会苦苦哀求。但是，有个学生发来了一封让我意外的邮件。他是个积极参与课堂，作业和考试都完成得很好的学生，已经确定能得到 A+ 的成绩，我想他应该不会有异议。所以，我本以为那是学期末常会收到的感谢邮件，打开一看，内容却是："老师好，因为就业问题，我可能要再留校一学期了，拜托您了，请一定给我 F ！"也就是说，他认为自己现在还不能毕业。

无论如何都想推迟毕业的学生其实并不少见，几乎每次上课都能在点名簿上看到已经上了九学期、十学期课的学生，即使在正常的八学期毕业生中，也有很多人由于休学等种种原因，实际在校时间超过了四年。所以，在学分管理被视为就业准备之基础的今天，为了满足这个学生因为就业反而不能要学分的奇怪要求，我给了他一个 F（虽然这么做是不允许的），托他的"福"，之前成绩是 B 的某学生现在得到了 A。

平时大家听到后也许会感叹"现在为了就业真是什么怪事都有啊"，但这次让我们好好想想，这些当事人又是何苦做这些"怪事"呢？这个学生，一边为就业做准备，一边尽最大的努力维持学习成绩（这绝非易事！），可是就算拿到了 A+ 这样优秀的成绩，最后还是为了"就业"这个更紧迫的目的放弃了，下个学期能不能在别的课上再得到 A 都说不定呢！

每每想到这里，我心里就会充满心疼和内疚，面对一个因"还没有找到工作"这样简单的理由而不得不放弃学分的学生，作为前辈的我甚至无法给他一个小小的安慰。抽象来看，就业问题姑且可以算作无可奈何的时代之痛，但当一个个当事人被现实中具体的痛苦压倒时，我们又如何能视而不见呢？

而这种时候，又会有多少类似"就算辛苦，再努力努力就能战胜"的无知训诫趁虚而入呢？一想到他可能经历的孤立无援，我心里就很不是滋味，真的很想拉他一把，于是第二天我对他说，作为过来人想请他喝杯酒，我们就这样在校外碰面了。

他叫姜真率，二十八岁，就读于首都圈的四年制大

"我们赞成差别对待"

学，现在是最后一学期了。说是最后一学期，但其实他每次都会用放弃三学分的办法推迟毕业，这已经是他第三次念"最后一学期"了。达到了毕业条件也不毕业的"校园袋鼠"[1]越来越多，真率就是其中一员。实际上他在第七个学期时就已经到处投简历了，各家企业情况不同，也有好说话一点的企业录用之后允许学生上完最后一学期再入职。当然，那时没有任何一个地方录用他。

等到真正该毕业的时候，也就是真正的最后一学期里，他向四十七家企业递交了求职材料，但其中有四十四家连简历都没有通过，简历和面试都通过的三家也没了下文。他觉得毕业生的身份会使他在就业市场上的竞争力降低，还听说企业更偏好还未毕业的应届生，所以他不管怎样都想保住"应届生"的身份，就这样又过了一年。

整整六年，真率每天只为了就业这一个目标活着。他退伍后曾去打工旅行，还上过两年凌晨托业补习班，成绩也确实很好。他不仅考下了别人可能听都没听说过的各种资格证，还有几次大赛的获奖经历，绩点也很优秀。但他现在非常疲惫，因为这么优秀的履历并没有带来某种"结果"，这样的日子太久了，他甚至已经感受到被无尽的空虚包围的恐惧——没有任何确切的保障，

---

[1] 指具备毕业条件，但为就业优势选择延迟毕业，住在大学附近，未完全进入社会的年轻人。

表4 每10名大四学生中有4名因就业等
原因延期毕业，"未能就业"成主要原因

出处：就业信息网 saramin

搜索日期：2013年1月16日

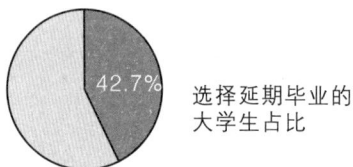

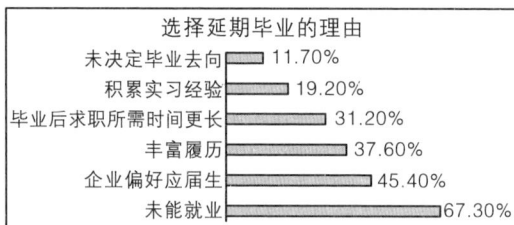

选择延期毕业的大学生占比 42.7%

选择延期毕业的理由

理由	占比
未决定毕业去向	11.70%
积累实习经验	19.20%
毕业后求职所需时间更长	31.20%
丰富履历	37.60%
企业偏好应届生	45.40%
未能就业	67.30%

却依然必须要做点什么，这是最让人绝望的。这种心情，想必所有人都能感同身受吧。

几杯酒下肚，他说起了向学校就业指导处咨询的经历。在足足投了100次简历之后，真率想着也许可以在就业指导处获取一些不错的招聘信息，可那里的人快速翻看了他的简历说道："你休学上个托业补习班，再把成绩提高一点怎么样？"真率的托业已经考到了880分，为了得到这个分数他几乎奋斗了近两年，他已经学够了，而且这个成绩不管去哪儿应该都够用了。但就业指导处

"我们赞成差别对待"

只给了他这么一个建议。"就算是这样，但如果能超过900分，心里不是更有底吗？"真率非常愤怒，这算哪门子的"指导"啊！

别说休学了，现在真率还有1200万韩元的助学贷款没有还，从去年开始不仅要扣除利息，还要分期偿还本金。开始贷款的时候想当然地觉得五年后肯定可以就业，没承想五年后的今天却完全看不到就业的希望，还债之路一片渺茫。为了挣到那笔钱，更不能把宝贵的时间浪费在收入微薄的打工上，因此还款只能一拖再拖。在如此急迫地想要摘下大学生标签的情况下，"是不是应该再做些准备"这样不走心的话，一些人未免说得太轻松了。

是的，对于当事人来说，那是一句看不见尽头的、无比残忍的"诅咒"。对于真率的痛苦，我想明确地告诉他："那不是你的错！"就像电影《我的流氓爱人》中吴东哲（朴重勋饰）对隔壁准备就业的韩世珍（郑裕美饰）说的那样：

吴东哲：你怎么还在游手好闲啊？

韩世珍：什么？我不是游手好闲……

吴东哲：都说最近找工作很难……这不是经济不景气嘛，不景气。我们国家的无业游民都很善良啊，看电视上那些法国的无业游民为了工作都开始打砸抢了，我们国家的无业游民却觉得都是自己的问题，是自己没出息才这样的。唉……臭小子们，是该说他们善良还是傻啊，明明都是政府的问题……喂！你也别因为没找到工作就骂自己，那不是你的错，腰板挺起来！加油啊妈的！

可实际上，除了"你已经很努力了，不要再责怪自己了"，我还能对他们说什么呢？何况我连这句话都没能说出口，因为虽然吃饭的时候真率不停念叨着"很不安""很茫然"，还重复了好几遍"这些到底有什么用啊"，但他还是对这个状态持肯定态度的。既然本人都觉得"没关系"，又怎么能用"不能那么想"来安慰他呢？

说实话，很累。六年来一直重复同样的生活，很累。每天盯着托业分数也很累，没有钱享受，没有自己的生活。但如果不经历这个过程，就达不到就业条件，我能怎么办呢？至少现在还能抱着希望投出履历丰富的简历，这已经很好了。我这么努力地自我开发，一定会有好事发生的，不是说"因为痛，所以是青春"嘛，要努力熬过去。虽然很累，但按部就班地严格管理自己让我很自豪，说真心话，这总比偷懒的人好吧。

　　　　　　　　　"我们赞成差别对待"

真率简短的话语，从三个层面清楚地展示了韩国大学生自我开发的特点：

第一个特点是，自我开发只是他们为了实现就业这个目标的手段。真率就是完全把自我开发理解为就业准备过程，"如果不经历这个过程，就达不到就业的条件"。不只是真率，其他学生和我聊天的时候也一定会谈到这样的内容，他们会不断强调"因为准备就业自己很辛苦"的现实。

更神奇的是，只要遇到自我开发这个词，他们就会主动说起"你在做什么就业准备"，不外乎外语学习、学分管理、考资格证、实习、志愿活动、参加比赛、体力管理、外貌管理（甚至整形）、练习写自我介绍、锻炼演讲能力，等等。[1] 如果只是听一些感兴趣的课，去图书馆看看书，这些才不叫自我开发。真率在学校的选修课上偶然接触到了室内攀岩，他当时特别喜欢。本来一步一个脚印挑战的过程，就可以称为自我开发，但没人会承认攀岩运动属于自我开发，连真率自己都不这么认为。本人的真实感受并不重要，那只能算是一个"爱好"（所以真率也已经六年没去攀岩过了），只有"为了就业进行的活动"才能进入自我开发的领域。

---

[1] 现在的韩国大学生为了就业准备的资格证和考试种类数不胜数。托业（TOEIC）、托福（TOEFL）、日语能力考试（JLPT）、汉语水平考试（HSK）、韩语能力考试（KBS）、计算机资格证、互联网信息管理师、基金投资咨询师、股票投资咨询师、衍生工具投资咨询师……——原书注

他们的真实心态就是"即使出卖灵魂也想找到工作"。无论参加什么实践活动，都只为在自我介绍里多写一句"体验多样的世界"，而所有对"多样世界的体验"，最终也会被包装成有利于就业的样子罗列在简历里。所以，对于"自我开发"（자기계발）一词，"开发"（개발）的含义已经取代"启发"（계발）的原意。比如，参加托业培训是为了提高英语的认证成绩，而不是为了从提升自我中获得满足感。如果目标公司的托业要求是 800 分，考 780 分就意味着自我开发失败，即使考到 780 分已经付出了非常多的努力，缺少的 20 分也能轻易证明这个人"不够努力"。只有自己看到的进步，并不算成功的自我开发。没有任何外界普遍指标能证明的"自我成长"？对不起，现在他们没有这种自我满足的闲心，自我开发就意味着"要达成可见的成果"，仅仅"对自身有价值"不具任何意义，社会就是这么要求的。

也就是说，自我开发是以取得成果为目的的训练过程，因此常常伴随着痛苦的"自我牺牲"。只为满足外界的要求，而不为满足自己，自我必然会被牺牲，牺牲的形式即各种自我控制。其中，最常被强调的就是对时间的控制，他们的每日计划必须以小时为单位，每天像检查销售额的超市老板一样确认自己今天完成了什么"业绩"。就这样，二十多岁的年轻人将自己束缚在"目

"我们赞成差别对待"

标"，以及为了达成那个"目标"需要的时间里。真率过去的六年都是这么过来的，他承受了自我开发带来的诸多痛苦和牺牲，到头来依然没有得到任何保障。

"自我开发"还是"自我牺牲"，为什么没人发现问题？

第二个特点是，即使得不到任何保障，也没有其他替代方案，只能继续。比如，真率一直进行着只在就业上有意义的自我开发，这种自我开发本身就非常痛苦和无趣，而且辛苦了六年还没有达成目标，这个时候难道不应该开始怀疑这究竟是否还有意义和价值吗？但是真率却认可这种痛苦的自我控制。虽然成果很难实现这一点让人郁闷，但他们会一直安慰和肯定自己，对自己说没关系的，会好起来的。为什么会这样呢？

自我开发的持续化存在两种形态：一种是说着"用滚烫的热情去挑战吧"给想要通过自我控制实现目标的人打鸡血；另一种是给已经厌倦严格自我控制的人一颗"累了吧？我也很累，让我们休息一下再继续吧"的甜枣。近来，类似的"治愈"信息随处可见。对于至今一直如此"鞭策"自己的真率来说，一句"因为痛，所以是青春"可以起到极大的安慰作用。但问题是，不管是鞭子还是甜枣，对于"人在自我开发时总要承担一定的牺牲"这个大前提，没有任何人质疑。鞭子总在强迫人牺牲更多，甜枣也不过是让人暂时休息一下，然后抱着积极的心态再试一次。最终他们还是逃不出自我开发的枷锁，就像西西弗斯推着巨石上山一样，永无止境。

为什么自我开发成了自我牺牲的同义词呢？如果想在这个踩着别人肩膀往上爬的竞争社会里存活下来，成为推动这个社会运转的众多齿轮之一，作为个人，必然是要牺牲一部分自我的。但重点是，为什么要用"自我开发"这样的帅气的词语去包装呢？

自我开发作为目的不是比作为手段更有意义吗？如果不是让自己适应外界的标准，而是单纯为了"自我"的"开发"，那么登山或学架子鼓又有何不可呢？自我开发不是百米短跑赛，没有胜利者和失败者，如果一开始就不计较成败的目的性，也就不需要哄骗"失败者"的虚伪安慰了。如果是为自己而奔跑，那么过程中不管流了多少汗，都有成长的意义。为什么会出现"像别人一样""比别人更"的比较呢？那不是"自我"开发，只是为了满足"他人"的开发。

但是，二十多岁年轻人的现实情况是，"想做的事"不算自我开发，为了目标"必须做的事"才是。如果必须做的事正好也是想做的事，那无疑是锦上添花；可如果不是，他们也无法随意改变自我开发的内容。在"must"（必须做）的自我开发氛围中，就业失败（虽然肯定也有成功就业的）最终只会被归结为个人平时没有努力，而不是社会的问题。

特别是真率这一代的年轻人，可能从小学开始就被潜移默化地灌输"自我开发是一种义务"，仿佛自我开发成了做人的基本准则。他们听多了"成功的人都很努力地自我开发"的事例，自然而然就会认为不成功的人就是自我开发做得不够。在自我开发被义务化的社会中，对自我开发的强迫症状在就业后也会持续。

表5　对有"自我开发强迫症"的1570名上班族的调查结果

出处：就业信息网 saramin
搜索日期：2013 年 7 月 2 日

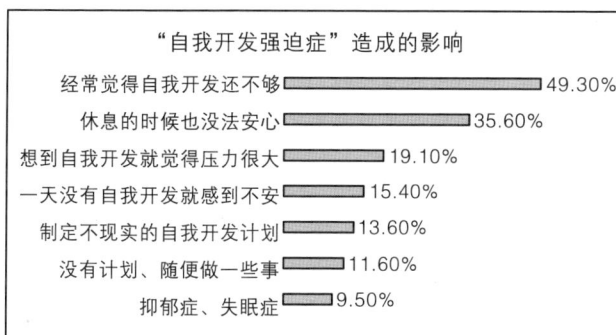

"自我开发强迫症"造成的影响

经常觉得自我开发还不够　49.30%
休息的时候也没法安心　35.60%
想到自我开发就觉得压力很大　19.10%
一天没有自我开发就感到不安　15.40%
制定不现实的自我开发计划　13.60%
没有计划、随便做一些事　11.60%
抑郁症、失眠症　9.50%

"谁家的某某找到什么工作了"这样的话从小就听了成千上万遍；"某某前辈进了 S 电子！"——"进 S 电子 = 成功人生"的公式也已经看到过无数次了。对他们来说，在考虑客观的时代背景之前，找不到工作已经是"不成功"的标志了。因此，为了不成为人们眼中"不成功"的人，他们常常苦恼要做些什么，于是开始自我开发——不，确切地说是痛苦的就业准备，只是他们把这叫作"自我开发"而已。

就这样，痛苦的自我控制成了二十多岁年轻人的日常。他们抱着总有一天会好起来的小小希望坚持着，告诉自己"现在辛苦一点，以后会好的"，把自我牺牲合理化，累了就在某些人"休息一下再跑吧"的安慰下流一会儿眼泪，再重新踏上那条路。

如果迟迟无法变"好"，我们就有理由怀疑这究竟是在"管理自我"还是"束缚自我"，但为什么他们对自我开发的信念还是那么坚定呢？不轻易"允许"二十多岁的年轻人实现就业的坚固社会结构一直没有任何改善，也没有任何变化，没人觉得有问题。社会结构横亘在那里，个人除了努力自我开发之外别无他法。这令人痛苦的情况，二十多岁的年轻人是怎么挺过来的呢？

这就要引出第三个特点了——在与不努力自我开发的"懒人"的比较中，寻求对自身现状的安慰和满足。真率也曾用"这总比偷懒的人好吧"来安慰自己，不管付出多少牺牲，造成多少伤害，只要在时间利用上比某些人更有规划，他们就甘之如饴——"虽然很累，但这正是因为我过得有规划啊！"

对"投资时间"的执念，让他们只在意"我在什么上花费了多少时间"而不是"花费时间干了什么"。如此一来，即使没有看到任何自我开发的成果，也可以根据"投资"过程，设置比较对象，制定"你没有像我一样努力"的标准来保护自己。也许这出于一种对于满足感的迫切需求——如果再不自我安慰一下，就更难撑过那漫长又痛苦的自我开发过程了。

所以，如今年轻人的自我开发非常矛盾，本来是为了就业才这么辛苦，结果最后和就业毫无关系，单纯为了从比较中获得自我满足。努力超越别人可以说是自我开发，可是他们因为看不到成果，就故意和比自己"低"的群体对比，以此寻求安慰，所以最终也不是"自我"的开发。所谓"如何利用时间很重要"，其实就是把时间用在与他人"不同"的地方可以获得满足感。只在就业这个目标上有意义（第一个特点）的自我开发，即使没有获得任何实际成果也要一直继续（第二个特点），而"向下比较"的第三个特点，则推动着这个矛盾过程形成自然的循环。

因此，二十多岁的年轻人正处于无比讽刺的境遇中：越是努力进行"自愿"的自我开发，对"他人"的评价标准就越严苛。就像对要求转正的 KTX 女乘务员的态度——没有同情，只有冷漠的评价。

曾捧起烛光的年轻人，却对社会闭上了眼

曾有社会学家称，现代人具有"流动的自我"，很难用一个特征简单概括某个群体。现在不是每个人像齿轮一样单纯履行固定机能的工业社会了，现在的大学生也和以前完全不同了。我们很难再像20世纪80年代那样，随意用"政治抵抗性"这一特征来概括他们，反而"没有政治抵抗性"可能更有说服力。

如今有什么东西可以把以"碎片化的个人"的形式存在的年轻人凝聚在一起呢？就以2008年美国进口牛肉引发的烛光示威事件[1]来举例，我当时曾在示威现场向大学生们确认过他们参加示威的理由。如果是在20世纪80年代，参加示威的学生们肯定在某种程度上都有相似的倾向。当然，20世纪80年代的大学生群体也会根据运动路线分为不同的阵营，但总体来看都是属于"运动圈"的，是比起"我"更强调"我们"、具有共同体性质的群体。但是，现在的大学生就完全不一样了，就算在参加示威的学生里，每个人的理由也是各不相同。也就是说，在"参加示威"这一共同点之下，每个人又都对其赋予了不同的意义，所以无法轻易把他们定性为一个整体。

---

[1] 2008年5月2日起，韩国民众因存在疯牛病风险的美国进口牛肉问题，以首尔为中心开展了大规模示威。

　　　　　　　　　　　"我们赞成差别对待"

你认为参加烛光示威的大学生都同意"烛光是民主主义的象征"吗？错了！现在的年轻人是非常多层次的。有人捧起烛光是"要为社会中的弱者争取权利"；有人就明确反对以这种方式放大烛光的含义。也就是说，支持烛光示威不意味着接受"烛光是民主主义"，也有来参加示威，却反问"烛光就是千古真理吗"的年轻人，甚至还有人单纯是为了发泄就业压力——不是大群体里常有的小群体，更像不足以成为多数的各种独立群体的集合。

因为难以用共同的特征来概括，他们身上的"连锁反应"也不太明显。比如，参加过烛光示威、拥护"民主主义价值"的二十多岁年轻人，在其他与民主主义价值相关的问题上也应持有同样立场吧？如果是 20 世纪 80 年代喊着"打倒军部独裁"的大学生，想必对今日校内福利问题也会有一定反应。虽然二者完全不属于一个领域，但是我想，能喊出"全斗焕下台"的学生，绝对不会说出"我根本不关心同学们的学费问题"这样冷漠的话。那么，对于积极参与烛光示威的学生们来说，黯淡的就业现实会不会刺激他们树立起追求公正世界的民主主义价值观呢？进一步讲，他们对与"公正世界"相关的其他事件也应该有类似的反应，不是吗？但是，这样的预想在现实中彻底破灭了。

这时就要讲讲我在讨论会上认识的几个大学生朋友

的故事了。为了更好地讲述他们的故事，就叫他们"飞鹰五兄弟"吧，毕竟是在深入观察不得不接受痛苦自我开发的二十多岁大学生内心隐秘的价值观，还是谨慎一些为好。

从 2007 年在大学讲课开始，我就常和学生组织一些小型读书讨论会（准确说是以书伴酒的联谊会），和 2008 年加入讨论会的五位朋友的缘分一直延续至今。大家不是一个学校的，家庭背景和价值观也不同；因为有人复读过，有人有入伍休学或外语研修[1]的经历，入学年龄和复学的时期也都不同，年龄刚好都差一岁。他们之间的不同点是如此之多，唯一的共同点就是都在就业压力下拼命挣扎。

我和"飞鹰五兄弟"跳出师生关系，从平等的市民角度分享了很多故事。他们对我提出的"烛光示威参与观察"课题抱以极大的热情，以此为契机，一起经历过高压水枪的洗礼后，我们的感情变得更加深厚，所以也经常一起喝酒。不知道是不是因为刚从军队出来，他们总是会很骄傲地讲述自己穿着军装、拿着荧光棒和武警"交锋"的英勇事迹，一杯酒下肚就会哼唱起当时的热门歌曲："大韩民国是民主共和国，大韩民国的所有权

[1] 指短期前往使用目标语言的国家学习外语。韩国年轻人希望通过外语研修实现为履历"镀金"的目的，它也被视为外语能力的一种证明。学习机构可以选择私立语言学校或高校附属语言学校。

力都来自国民。"

但是，就在几个月之后，出现了一些相当沉重的社会事件。一个是网络辩客密涅瓦因其发布的经济预测违反信息通信法被检方逮捕，另一个是龙山拆迁户示威过程中发生的大型惨案，在社会上引起了很激烈的争论。[1]那么烛光示威时积极主张"社会行动"的他们，对这些事件又有怎样的看法呢？后来通过一些机会得知他们真实想法的我大受冲击，甚至到了让我怀疑"这还是他们吗"的程度。

首先，"飞鹰五兄弟"很惊讶我会从"言论自由"的角度看待"密涅瓦事件"，以下飞鹰兄弟三号的言论也代表了其余人的意见：

"说实话，他不是专科大学毕业的吗？那不就证明他不专业吗？我不知道言论自由具体指什么，虽然我也知道它对民主主义社会十分重要，但我不认为非专业人士冒充专家也应该被赋予全部言论自由。如果他问心无愧，为什么不一开始就表明自己的学历，现在的年轻人为了能问心无愧是多么辛苦……"

他们一致强调：密涅瓦是专科大学毕业，所以是非专业人士。"言论自由"和"专科大学毕业"完全不是

---

[1] 2009 年 1 月 20 日，首尔市龙山区汉江路 2 街某建筑发生火灾。当时，当地拆迁户和全国拆迁户联合会会员正在该建筑中就拆迁补偿问题静坐示威。在警方的镇压下，拆迁户和"全拆联"会员们用火焰瓶等各种武器进行抵抗，最终 6 人死亡，23 人受伤。

该在一个层面上讨论的问题，难道专科大学毕业就要在言论自由上受到限制吗？但这就是他们的逻辑，不知他们能否感觉到，当事者个人的现实情况和言论自由的实践范围，从一开始就不该放在一个天平的两端。

三号说，自己为了做到"问心无愧"努力准备就业，已经足足考了 24 次托业，考到了 940 分的高分，还组织了一个校内就业面试社团。对于三号来说，这一过程是"为了获得合理的地位必须付出的努力"。因此他以一句"想要引领经济改革的话首先要达到那个地位不是吗"作为对"密涅瓦事件"的总结。其他的飞鹰兄弟也是这么认为的，对他们来说，评价密涅瓦的重要标准是他们自己的经验，这个所谓的经验就是"必须努力准备就业的现实"，这一点作为判断的尺度在很大程度上影响着他们。

从他们对"龙山事件"的态度上也可以发现相似的逻辑。2009 年 1 月，为了赶走反对龙山再开发工程的拆迁居民，政府派出警察特工队，混乱中发生火灾，最终导致 5 名拆迁居民和 1 名警察遇难。"龙山事件"发生后，舆论开始批判警察的过度镇压，"飞鹰五兄弟"也对拆迁居民在火灾中遇难的事实表示十分悲痛和惋惜，但他们最后的结论却是："拆迁户的要求还是太过分了！"其根据依然是他们自己的"现实"经验："不管三七二十一耍赖就可以了吗？那我现在这么努力是为了

　　　　　　　　"我们赞成差别对待"

什么……"那天的酒桌上，这句话被足足提了上百遍。

这还是几个月前在光化门广场挥洒着热泪和我一起接受高压水枪洗礼的他们吗？如果认为烛光示威是为了捍卫被压迫的民主主义的斗争，那么认为"密涅瓦事件"是压迫言论自由、"龙山惨案"是侵害生存权的过度镇压，才是前后一致的，不是吗？然而，认为"他们变了"只是我自己的想法。

"飞鹰五兄弟"明明在烛光示威时还大声高喊过"民主主义"，难道短短几个月内，他们的倾向就发生了剧变吗？不是的，他们认为的"民主主义"无论那还是现在都是一样的，他们并不否定"民主主义"，只是和我认为的不同而已。我和他们一直都在各自认为的信念基础上，解释和理解着机会平等、过程平等、结果平等等问题，但对于平等囊括的范围，我们的理解是截然不同的。

他们强调，密涅瓦和龙山拆迁居民的主张越过了"某条线"，认为他们"要对自己造成的结果负责"。所谓的责任感，是指"区区专科大学出身"的人要分清什么可以说，什么不可以说；是指"本人作为个体户"，就必须承担房子可能会被拆迁的风险。换句话说，如果"平时再努力一点"，就不用上专科大学，也不用非得租房子做生意了，这逻辑多么清晰啊。

赞成差别对待的理由

贯穿"飞鹰五兄弟"想法的"逻辑"到底是什么，又是怎么产生的？我直接说结论，这个逻辑就是必须进行自我开发的时代的产物，是时代精神的反映。接下来我将通过几个事例来证明。

2009 年双龙汽车工人罢工事件的被解雇者自杀那样的悲剧，至今仍时有发生。当时，双龙汽车以公司经营困难为由（现在其经营困难的理由被怀疑是财务造假），要将数千名工人裁员，于是工人们占领工厂进行了罢工。对于以解雇不当为由展开的罢工，"飞鹰五兄弟"明确表示"绝对不能同意"，并做了激烈的讨论。他们之前在"密涅瓦事件"和"龙山事件"中初露端倪的态度，在双龙汽车的问题上更是暴露无遗。但其实他们不是品性恶劣的人，也不是没有素质。飞鹰兄弟二号如是说：

"我也作为非正式员工打了两年工了，周围人也都是非正式的，重要的是，即使情况再不好，也要努力诚实地生活啊。当然，待遇没有正式员工好，我也会很不甘，但也不应该用罢工和暴力示威的方式要求'重回公司'啊。他们说是拼上了性命，在我看来却是吃饱了撑的。为什么不考虑找找别的工作？如果着急用钱，不应该在被解雇之后马上找点事情做吗？和我一起工作的人都这么说，如果是我的话，肯定想尽快离开工厂，先想办法赚钱。"

为了应对退伍后"不安"的未来，二号打算参加外语研修，为了攒出研修费用，他没有复学，而是同时做几份兼职，比如在大型超市的地下停车场做向导等。尽管如此，不，应该说正因如此，他才十分激动地认为双龙汽车工人罢工事件是"绝对不应该的事情"。他抛开解雇工人是否正确的问题不谈，还理直气壮地反问："对被解雇者的社会连带[1]为什么成了义务？"对他来说，"复职被解雇的工人"在语法上就是错误的，理由是："说实话，我不想认同。为了不被解雇，我现在才这么辛苦，所以他们不能就那样随随便便要求复职。"

五兄弟都积极支持二号的意见。他们否定工人所提要求的逻辑和根据，并不是受到了保守媒体论调的影响，他们既不强调"非法"一词，也不用"强硬"来形容工会。在这里，他们只因为共同经历了残酷的就业现实，所以觉得工人罢工是"绝对不应该的事情"。

这种反应，可能会让人觉得现在的大学生很奇怪。同一张嘴，一边说着民主主义和人权的珍贵，一边说着拆迁户的要求"太过分"或工人的罢工"不应该"。但是，我们又有什么立场说他们"变心"了呢？他们只是在基

[1] 社会连带指人们在社会分工基础上形成互相依赖关系，每个人都各司其职，并意识到自己必须依靠他人和社会，从而形成互相间的依赖感、团结感与社会联系感。

于自己目前的处境解读和判断情况。一号认为："为什么那些人可以不努力，只是一味地提要求！我为了能问心无愧，在就业准备上付出了多少努力！"他在"努力"的范畴中解读这个事件，认为既然分配给每个人的时间是公平的，如果按照时间管理的优劣标准来看，那些人还不具备提要求的资格。

一号就读于"忠清圈"[1]的四年制大学，他自述"因为上的是地方大学，所以拼了命地努力"，在准备就业的间隙还要攒学费，为此已经送了3年的报纸，凌晨就在公寓楼里爬楼梯，每天相当于爬120层楼，大腿跑得都快比足球选手粗了。白天则要马不停蹄地参加英语补习班、就业学习小组，准备各种比赛以及实践活动。他的经历用"无所不包"形容再合适不过了，特别是企业举办的销售宣传体验活动，他一次都不落。他的实践活动半径很大，耗费时间也很多，因为他觉得这种程度的履历积累才够用，整个过程都属于"为获得合理地位必需的努力"。然而，这些经验在立场转换时变成了评价对方的绝对标准，所以那些工人的要求也就成了"无理"的要求。

此后，每当类似事件发生，我都会观察他们的反应，五兄弟的立场始终都具有统一性。2010年5月，发生了

---

[1] 包括忠清北道、忠清南道和大田广域市。

　　　　　　　　"我们赞成差别对待"

一起时间制讲师自杀事件，时间制讲师被迫代写论文，学校以转为正式讲师为条件，要求他们交纳发展基金的事实也被曝光。果然，五兄弟对这样的现实本身还是十分愤慨，但是对关于改善时间制讲师待遇的社会争议，三号小心翼翼地说：

"大家不都是在那样的环境里努力生活嘛，说实话，哪有不累的人呢？而且也没人骗他，时间制讲师和正式讲师的待遇不一样，这不是众所周知的吗？正式讲师们也都是这么过来的啊，都是经历了困难的过程才实现了目标。所以有时我也会想，觉得辛苦就要求分配研究室，要求讲课费达到正式讲师标准，这对历经辛苦的正式讲师来说也是一种差别对待（歧视）啊。"

当然，其他人也都表示了默认。就像之前那些二十多岁的年轻人说 KTX 女乘务员的转正要求是不正当的"小偷"行径一样，这种逻辑在不断地重复——时间制讲师早知自己会得到这种待遇，正式讲师也是经历相同待遇后才得到如今的地位，"觉得太累了"本身不应成为提出要求的理由，因为那是自己选择的"结果"，他们应该"自食其果"。

再看另一个事件。2008 年 8 月，诚信女子大学的清洁工人被不当解雇。这一事件也是近来多所大学发生的代表性非正式员工问题，经曝光后引发社会关注。从大学生对清洁工人的反应来看，最引人注目的是与至今为止观察到的情况完全相反的几点：首先，大学生对校内清洁工人的态度是友善的。在支持清洁工人复职斗争的学生签名募集活动中，诚信女子大学募集到了 6500 人（在校生总数 9000 人），德成女子大学募集到了 3500 人（在校生总数 7000 人）。2009 年，高丽大学曾在 3 天内就募集到了 1 万人的签名。[8]

以此为契机，社会上出现了一些积极言论——一向只知道关心自己的二十多岁年轻人，原来对弱者有充分的社会连带意识。2011 年初，弘益大学清洁工人问题登上公共电视台时事节目，成为热门话题，从而得到妥善解决后，梨花女子大学、高丽大学、延世大学等高校的学生会相继展开了和清洁工人的联合斗争，取得了丰厚的成果。[9]

但不可忽视的是，这种氛围的背面，是截然不同的世界。上述数据虽然可以体现大学生对清洁工人的连带意识，但这或许只是一种非常感性的理解。因为大学生面对和母亲辈的"清洁工阿姨"相关的问题时，很难如实表达自己的真实想法——他们并不一定会拒绝"一起帮助阿姨们吧"的签名，因为"为了糊口拼命干活"的阿姨的形象很深刻[10]，所以他们支持同情清洁工阿姨的舆论，做出了善意的反应。但他们签下的所谓"赞成"或许不是真正的赞成，通过和"飞鹰五兄弟"的交谈，我窥见了他们内心的真实想法。

虽然基于同情表达了支持，但在此之外，他们又明确区分了不当解雇和裁员的不同。他们承认"突然通知解雇"确实有程序上的瑕疵，但并不否定"裁员本身"，反而肯定的成分更多，理由和前面探讨 KTX 女乘务员抗议、双龙汽车工人罢工、时间制讲师自杀等事件时相同。五号如是说：

"我知道教职员里有很多时间制讲师，而且他们也都算非正式员工，不过，最近能成为非正式的教职员也已经很厉害了。不知道是不是因为这样，我会觉得，阿姨们的要求……好像相当高？我虽然不太清楚，但学识更多的人还这么艰难呢，她们的要求是不是有点过分……就是这种感觉。"

"学识更多的人还这么艰难"，这个理由再次登场。五号把教职员和清洁工人的地位差距看作明确的判断标准，比如"学识更多"。他认为，付出更多努力的一方，即时间管理比别人做得更好的人，应该得到社会的优待，由此产生的职业歧视也得到了正当化。最后，无端解雇或降为非正式员工也被正当化。在他们看来，理应成为正式员工的人还没转正呢，这些"不足的人"怎么敢提出这种要求？

说到这里，曾在教室说出"随随便便就想转正怎么行"的学生 K，也算是为如今二十多岁的年轻人代言了。我见过这么多二十多岁的大学生，他们虽然看到工人罢工的情形会感到"可怜",但都反对罢工主张的内容,理由是工人遭受苦难的首要原因在于个人的"努力不足"——如果之前更努力一点,现在就不会遭遇这些,为什么之前不努力,现在又要提出这样那样的要求。

二十多岁的年轻人心中有一条绝对不能让步的"马其诺防线"[1],使得他们将工人视为"想吃白食的懒人和失败者"11。他们一直以来为就业牺牲自我,在自我控制式的自我开发上拼尽全力,回报他们的却是无尽的剥夺感和不安感。这阴郁的不安感正在塑造一种时代精神,它才是诠释现在年轻人的核心关键词。

2012 年 3 月,高丽大学的学生代表会议提出了撤回支持时间制讲师和清洁工人工会斗争的议案 [2],该议案因 57 名学生代表中有 31 名赞成得以通过。12 虽然这一决议在遭到社交媒体的舆论谴责后被推翻,但在学生代表会议这样的组织中能出现这样的议案,甚至有惊无险地通过了本身就能说明一定的问题。当然,从更深的层面看,这只是他们被身上的重量压得寸步难行,进而做出的自我防御而已,只是为了活下去而已。

---

[1] 指法国在"一战"后为防德军入侵而在其东北境地地区构筑的筑垒配系。

[2] 高丽大学学生代表以时间制讲师"课堂质量低下"和校内非正式员工的工资上涨会引起学费上涨为由,反对与时间制讲师和清洁工人工会联合起来。

时间管理和自我控制的利刃

从"飞鹰五兄弟"的例子可以看出，大学生越来越突出的特征是对时间管理的执着。当然，不只是二十多岁的年轻人，被自我开发束缚的现代人对时间都有强迫性的责任意识，甚至休息时也不能解脱。在网上搜索栏里输入"三天一夜游"，就会发现各大旅行社都有很多"周五晚上出发，周一早上下飞机直接上班"这类旅游商品的介绍。现在的人，工作的时候要像"怪物"一样，玩的时候要像"特种兵"一样。

自我开发中，时间管理是最重要的。特别是以个人经验为基础、鼓励二十多岁年轻人自我开发的书籍，都像事先约好了似的，一味强调作者本人进行了多么严格的时间管理。《没有翅膀，所以努力奔跑》一书的其中一位作者也是这么说的："虽然是地方大学毕业，但我没有责怪周围的环境，而是拼尽了全力，在广告界取得了成功，还获得了'大韩民国人才奖'。"（顺便一提，这是一本非常独特的书，它批判现有的强调不要责怪环境的自我开发书，却在最后得出了"不要责怪环境"的结论。）他还说："虽然时间是上帝给的，但最终是由人类自己来计划的，没有计划的目标就像没有计划书的合同一样，随时都有被取消的可能。"让我们来看看他以合同工身份入职后，为成为正式员工所做的努力吧。

我必须验证我的能力，所以告诉自己"我可以，我一定能做好"，并凭借这种韧性开始了工作。首先，为了最大限度地集中精力工作和自我开发，我决定住在公司旁边，这样就能把别人上下班浪费的两个小时用在积累自己的实力上。我住在公司旁边的考试院，不仅减少了通勤时间，还可以随时去公司处理工作。住得离公司近，偶尔还可以帮前辈们做一些琐碎的事，如果周末被叫去加班，也可以随时轻便地出门去工作。就这样过了一年，很多人说我"很辛苦"，但我丝毫不这么觉得，反正就算住在大房子里，回家也只有睡觉的时间。……睡眠时间不得不减少到每天五小时，这么多的努力，让我得到了"努力工作的意志很突出"的评价，并最终由合同工转为了正式员工。

总而言之，他通过"无知地奔跑"成了正式员工，因为"征服了时间"才使其变为可能。但这里存在一个疑点——一般来说，时间管理意味着"珍惜"时间，让自己得到与那些时间"相对应"的回报。但是，这位作者只是表现出了对上司的忠诚，保持着前辈一叫就能随时跑过去满足其琐碎要求的待机状态，他积累的到底是什么实力呢？他花费的所有时间的价值，只有在得到"努力工作的意志很突出"这样一个建立在他人标准上

"我们赞成差别对待"

的肯定评价后才有意义，他只是把放弃自己的自由包装成了所谓的时间管理而已。最终，懂得舍弃自己的时间、做公司里"好使唤"的人成为这种管理技巧的核心。这本书里最令人震惊的，是同时准备六个比赛，干吃几十袋速溶咖啡通宵达旦的经历。为了准备就业可以牺牲掉自己的胃的怪物才能找到工作的社会，如何能称得上是一个"好社会"？

但是自我开发书会给予"慰藉"，它们不断对生活在水深火热中的年轻人说："没关系！你做得很好！"就这样，年轻人学着珍视"充满热情"的自己，用"我的生活是正确的"来安慰自己。他们会觉得，非正式员工们"不怀着感恩的心"，反而闹罢工，真是痴心妄想！

想要得到"有热情"的评价，本身就是一种倒退观念，因为热情、有意志、诚实这类评价都是在极为主观的范畴中进行的，根本不能以客观尺度衡量。表面上说升职得益于"时间管理"，其实无关管理好坏，最终判断只会以有权判定其"热情与否"的某个人的主观想法为基础。

事实上，就像过去的皇帝说什么就是什么，一村之长也可以指鹿为马，把此规定解释成彼规定。以前的世界以"他人的主观性"为基础判断人的能力，后来逐渐发展为以"书面化的定量指标"判断，即在评价标准上减少主观性。我们本已逐渐摆脱了那个时代，结果时间管理摇身一变，成了"热情"的代名词，年轻人最终还是把自己放在了必须被评价者挑选的"乙方"的位置上。

而现实是，站在"乙方"的位置上也不会轻易被选中。所以他们要抓住一些救命的稻草——如果时间管理没有"结果"，那就让自己维持在最有可能被选中的"待机状态"。为此，绝对不能承认没有像我一样利用时间的人是我的同级。大家都是一样的劳动者？这话可万万不能说。付出得比自己"少"的人，待遇也必须比自己"低"，因为哪怕只是"时间管理比别人严格"的评价，他们也想得到。

其实大学生们都知道，为了就业进行严格的、自我控制式的自我开发是空洞的，但不管怎样都要将这个过程的结果在履历上留下一行，所以不能放弃。就这样，二十多岁年轻人进入无止境的"擦干、拧紧、上油"状态，却还能保持"积极"的面貌。饱受就业准备之苦的"飞鹰五兄弟"常常在酒过三巡时说："这样算是在好好地生活吧？"他们极力地肯定着这一切，只有在那个瞬间，他们眼中才流露出了恳切的真心……

遗憾的是，这种真心演变成了对他人评价的执着，让个人时间管理成了看待世上一切事物的标准。他们被自己的视角所束缚，陷入了恶性循环——二十多岁的年轻人之所以沉迷自我开发，是因为不想成为他们看不起

"我们赞成差别对待"

的"那些人",他们执着于自我控制式的自我开发,随之而来的是对时间管理的强烈信念,这种信念最后又成为评价他人的刻板观念。这样下去,他们看世界的观点只会越来越极端和狭窄,但这就是他们的命运。我敢断言,这种心理就像一个越来越大的回旋镖,一旦飞回来,就会成为威胁和支配他们日常生活每一个瞬间的利刃。哦不,它已经飞回来了。

第三章

变成怪物的年轻人的自画像

延世大学看不起西江大学，西江大学看不起成均馆大学，成均馆大学看不起中央大学，中央大学看不起世宗大学，世宗大学看不起西京大学，西京大学看不起安阳大学，安阳大学看不起圣洁大学……如果以上链条中的后者将前者看作与自己"差不多"的大学，前者就会立刻反驳"说什么胡话呢"。继续列举的话，就是四年制大学看不起专科大学，专科大学再以同样的标准在内部划分等级。就这样，所有人都在按照这个逻辑成为加害者，同时也必然会成为受害。

"美好新世界"带来的灾难

几年前有部名为《82年生的智勋》的短剧。主人公智勋从首尔一所大学的经济系毕业,成了一家资产管理公司的非正式员工。他相信社长"只要努力工作就让他转正"的承诺,热情洋溢地认真工作和生活,某一天却被女朋友单方面通知了分手,理由是"智勋非正式员工的身份让她在朋友面前很丢脸"。为了筹措结婚资金,他曾想投资一些理财产品,向父亲求助,却招来父亲的斥责:"你怎么还想着饭来张口衣来伸手,我们那时候给北极熊卖空调,去非洲卖电热毯都能卖出去,坐着等人来买就行的事,怎么就你这么矫情!"所以智勋讨厌这个世界,"明明不是我的错,每个人却都怪我,真是太让人生气了"。他抓着白手起家、身家500亿韩元的顾客痛哭流涕地说:

"会长年轻的时候也是这样吗?不管怎么拼命奔跑,

都一直停在原地吗？还要经受多少痛苦，失去多少东西，我才能长大成人？"

想必看短剧的时候，谁都能自然而然地在智勋身上看到现在年轻人的影子。当然，智勋哭也是情有可原的，青春再怎么痛，也不该让人无休止地忍受痛苦。但这部剧还是以老套的剧情结尾了——智勋默默咽下了眼泪，念诵着"历经磨难，即使无法改变人生，至少也要改变今天"的魔法咒语，肯定了自己现在的状态，慢慢接受了只有痛苦和失去的人生——就像这个世界希望的那样。

这不是剧里才有的故事，前面我已经讲过很多例子了，虽然不断被动内化自我开发时代"美好新世界"愿景的大学生很可悲，但看起来没什么危险。然而，当他们完成内化，开始主动向外表达这套逻辑时，就不是这样了，有时他们甚至会表现出自我伤害的倾向。非正式员工转正的问题可能暂时离他们有些遥远，所以伤害不是那么明显；他们每天在日常生活中积极贯彻的自我开发逻辑，才是危机的元凶。

接下来我想谈一谈，头脑和视角完全是自我开发逻辑的二十多岁年轻人衡量他人的尺度——学历等级主义。可以说，这是自我开发时代造就的大学生最熟悉，也最敏感的问题。可以从他们的特定信念和日常面貌中，一一发现如下三个固有特征。

"我们赞成差别对待"

一、对他人的痛苦变得麻木

当一个人用自我开发的逻辑武装自己时，首先表现出的倾向就是，虽然被残酷现实折磨的人越来越多，但他们对他人痛苦的共情能力却越来越差。

随便翻一下市面上的自我开发书，都在强调自身的痛苦要自己来战胜，如果大家都把这种痛苦看作谁都会经历的"成长痛"，谁还会去关注他人的痛苦呢？既然痛苦总是要自己忍受，又何必在乎别人的痛苦？当这种"哲学"占据一个人的脑海，他的视角也会随之改变。他们会对抱怨累死了的人说："反正是你自己的问题，这种程度都接受不了吗？还有很多人比你更累呢！"这样一来，"他一定很累吧"的共情就很难形成了。

在教室里也经常能接触到这种氛围。我在讲授社会学的过程中经常提到，由于社会结构的变化，个人承受的痛苦与过去不同了。但是，随着时间的推移，我发现年轻人对此的反应越来越不冷不热了。从考试院出发讨论"居住空间的脆弱性"时，他们会说："一开始不住考试院不就好了吗？"谈到因租金昂贵而四处辗转的求房者的难处时，他们会说："租个传贳房 [1] 不就行了嘛！"有人因为凌晨送报纸太累，上课无法集中精神学习，反而遭到了"在校内做兼职不就好了嘛"的挖苦。

---

[1] 也叫全租房。和月租一样，是韩国最普遍的房屋租赁方式。租客按照房屋时价的70%—80%支付给屋主；退房时，屋主也须退回租客对应金额。

如果说，个人在社会环境影响下遭受的痛苦增多，是现在二十多岁年轻人的一个特征，那么不把这个问题归结为社会原因，就是他们的另一个特征。

当然，不是所有二十多岁的年轻人都是这种反应，但这种特征以前确实是不常见的。也许正因如此，现在的年轻人并不习惯把贫困连带意识或对社会问题的关心，看作大学生应该关注的问题。当然，不是说关注这些就是绝对的善，只是和过去相比，事实确实发生了变化。（本书将论证自我开发逻辑是导致此变化的重要因素。）我在 2009 年和 2012 年对"大学生价值观"进行调查时也确认了这一点，认为"连带意识很重要"的大学生甚至不到一半，认为"外语能力很重要"的大学生则超过了 90%。[1]

找不到共情他人的理由，是被"一切都是自己的错"的自我开发逻辑规训后的结果。所谓痛苦，是一个人对特定现象表现出的极其主观的感情状态，可是自我开发书却把痛苦解释为可以用来客观比较的事物，意图衡量无法衡量的东西。比如，当 A 感到痛苦时，如果有一个 B 战胜了更大的痛苦，那么 A 就必须自己忍受、战胜痛苦。假设性格软弱的 A 打工时遭到了店长的欺压，他的

---

[1] 出自《西江人生活世界调查：关于活动领域和时间结构的调查》（西江大学学生文化处本科生问卷调查，506 人参加，2009）和《关于确立融合教育开发方向的事前研究》（西江大学素质教育院本科生问卷调查，516 人参加，2013）。笔者曾作为研究员参与该两项调查。——原书注

痛苦会因性格坚强、能忍受更恶劣情况的 B 的存在，而不受重视，也就是"挨一下拳头一定没有挨两下疼"。

自我开发书的作者总是用自己的标准去评价他人，他们把自己或名人设定为主人公，这样的主人公经历的痛苦总量当然是无比巨大的，吃过的苦也是难以想象的，但是他们最后都成功了。清洁工人变成了总统（李明博），贫苦农民的孩子变成了世界级的企业家（郑周永）[1]，从塑料大棚里走出了奥运冠军（梁鹤善）[2]……他们举这样的例子来指责痛苦的年轻人：你们这种程度的痛苦是大多数人在经历的，是可以自己克服。每当接触到这些战胜困境、实现梦想的主人公的故事，二十多岁的年轻人十有八九会陷入"原来我现在经历的根本不算痛苦"的自我反省，就业太艰难的抱怨瞬间变成了"无病呻吟"，这自然会降低他们对他人痛苦的共情能力。就这样，二十多岁的年轻人被痛苦的比较法则束缚着。

由于存在能战胜更大痛苦的榜样，年轻人自己的痛苦就成了必须要忍受的东西。但奇怪的是，在上一章登场的年轻人，一面呼吁别人理解他们无法就业的痛苦，一面反对非正式员工转正的要求，哪有如此自相矛盾的？

---

[1] 郑周永（1915—2001），韩国著名企业家，现代集团创始人。

[2] 梁鹤善（1992—　　）在 2012 年伦敦奥运会上获得的男子跳马项目金牌，是韩国体操史上的奥运首金。

对于这个矛盾，有两点需要理解。首先，他们的呼吁是在无人在意的情况下发出的绝叫，因为没有人理解他们的痛苦，所以他们也无法理解别人的痛苦；没有人愿意站在他们的角度思考，他们就没有理由为别人换位思考。其次，"就业大乱"之下，他们面临的痛苦和要做的事情突然以超乎想象的幅度增加了，预期回报也不确定，于是只能局限在痛苦的比较法则中——不管怎么"敲算盘"都觉得"别人没有我痛苦"。

二、偏见的扩大再生产

对痛苦的共情能力降低，必然导致对特定对象既存偏见的加深。事实上，共情不仅有助于他人，还能让人发现自己固有观念的错误。

社会学学者或社会学专业人士对两极化问题相对敏感，也与此不无关系。关于阶层不平等的讨论时常需要鲜活的例子，通过现场观察和采访的核心研究方法，还可以获得更新概念的契机——比如针对资本主义社会中"个人努力的差异"的结果是无可奈何的概念，"共情"可以说是为打破把穷人的生活习惯当作问题、"因为那样生活，人才会穷成那样"的偏见而存在的。生活习惯只是贫穷的结果，不是贫穷的原因。住不到好房子，吃不到好东西，艰难生活久了，人自然也会变得穷酸。

因此，共情是让人在考虑社会条件的情况下，客观

　　　　　　　　　　　　"我们赞成差别对待"

地理解他人情况的决定性因素。目睹生动的现实风景，聆听真实的声音，打破将特殊事例泛化的错误想法，最终进入更深刻的思考。在这个过程中，个人也会变得更灵活。

但是，如果缺乏这样的经验，就容易让既有的固定观念在不经验证的情况下内化成自己的信念。因为对于我们不了解的某个对象，很容易根据社会上广泛流传的固定观念去判断。比如，关于"残障人士的性欲"，残障人士当然也有性欲（这能有什么不同意见！），然而，当残障人士真的表现出性欲时，大多数人又会忌讳而遮遮掩掩。在与残障人士共同生活的经验有限的韩国社会，人们常常会无意间否认他们的性欲，从前有一位女性残障人士曾拍摄过裸体照片，当时人们的反应就是如此，因共情能力不足而放大的偏见就是这样产生的。

无论修饰的辞藻多么华丽，读起来多么通顺流畅，只要是自我开发书，就无一不充斥着对失败者的偏见：就是因为这样才找不到工作、用那种态度还妄想升职、那样生活当然减不了肥……自我开发书以短浅的目光，把所谓的失败原因一句句列出来，这样只会导致对失败者的偏见越来越深。二十多岁年轻人"贫穷和抑郁都是自己的错，凭什么要求社会关注"的反问就是这种偏见内化的结果。

三、盲目追随既定的道路

对失败者的偏见背后，其实是对失败的恐惧。这种恐惧越大，人们就越偏好选择相对安全的"既定道路"，进而相信只有那条路是最安全的，对其他的道路则不屑一顾。于是，最后只剩几条"必经之路"，对"其他道路"产生偏见只是时间问题，对"异类"的排斥也会越来越尖锐。

这就是二十多岁年轻人的心态——他们其实都知道，没有人会与自己感同身受，别人对自己的判断也全是出于偏见。正因为他们深知别人会带着偏见、只凭高考成绩和学校名字轻描淡写地评价他们"现在的样子"，所以他们才更在乎"以后的样子"，比如以"得体的工作"为代表的社会意义上的成功。比起找不到工作或无法转正的事实本身，他们更害怕自己的人生被定义为"失败"，被打上各种烙印。

一直以来，缺乏共情能力、将偏见内化的二十多岁年轻人，习惯了只走那一条路，对与此有分歧的想法和行动，则会有极为敏感的反应。去大学校园里走走，就能知道现在的大学生变得多么可怕（？）了。类似撕毁支援罢工的海报、在上面涂鸦的事情屡有发生。必定是有些学生无法容忍这些海报，认为这是"越界的""不正当的"。甚至对于那些表现出了些许"政治性"的播音员的校内演讲，一些学生还会以"企业可能会对我们学校产生不好的印象"为由主张取消。对于把就业当作人生第一大事的二十多岁大学生来说，在这一过程中哪怕出现一丁点儿的波动，都是绝对无法容忍的"重要问题"，只有走最初设定好的道路才是正确的。

他们也会排斥违反自身遵从的"社会秩序"的事。我有时在课上说起年轻人缺乏对社会弱者的连带意识，教室里就会到处响起"这个课有政治倾向"的不满。这真的算"政治倾向"吗？在竞争被内化的世界，个人的共同体意识必然会弱化，作为社会学学者发表这样的言论完全没有问题，但有很多学生不能将此单纯理解为学术问题，更不会去批判"一切责任在个人""只要努力就能成功"的论调。所以即便只是一般的讨论，只要竞争、市场秩序，乃至资本主义体系受到一点批判，他们就会反应过度，冷嘲热讽，好像听到了什么"禁忌之言"。

对"异类"的排斥束缚了年轻人独立思考和行动的能力，他们害怕自己也变成"异类"，所以更加坚定地走上时代以"理所当然""无可奈何"为借口强加给个人的"必经之路"。

为什么问题在于学历等级主义

看到这里，相信很多读者的脑海中应该已经勾画出如今二十多岁的年轻人是如何扭曲发展的。从政治层面上看，这个必须践行"一切责任自己承担"的时代会使个人更加保守；从生活层面上看，会出现很多为减轻心中不安反而更加依赖父母的"成年小孩"，也就是所谓的"袋鼠族"。同时，和过去相比，二十多岁的年轻人在大学排名的束缚下，仿佛有将其彻底消化的趋势，同辈人之间的排挤策略也越来越缜密。

接下来我将讲述大学生赤裸裸内化"学历等级主义"的真实故事，也将解释为什么今天的大学生根本认识不到这对韩国社会来说是一种痼疾。接下来的内容，是可以直接看到的二十多岁大学生的日常生活，也是对信奉着自我控制式的自我开发，践行着严格时间管理的他们与同辈人一起生活的观察记。

我收集了两千余个二十多岁年轻人亲口坦露的事例，将其整理量化形成数据，另外选出了其中的一百多位，通过大量的交谈，直接或间接听他们讲述自己的故事，进行重新整理。自我开发时代的个人特征，就是无法与他人共情，无法消除偏见，因此自身也参与到了该机制的生产中。

我事先声明，这些故事并不美好。这是比时代的黑暗更加黑暗的，二十多岁年轻人悲伤执念的蒙太奇，也是与成为怪物的他们的再次相遇。

真理之光，高考分数

在我的教师生涯中，总有一些引人注目、令人印象深刻的学生，西江大学的学生李智妍就是如此。她无论何时都坐在教室前排，认真听课的眼睛炯炯有神，不管是回答问题，还是提出问题，都很积极，是一个能给课堂注入活力的聪慧学生。下课后她常会问我各种各样的问题，尽管会占用一点时间，但对于一名老师来说，她还是一个令人感到喜爱和自豪的学生。和她聊过几次之后，我发现她有个很特别的说话习惯。

只要稍微提到成绩或专业的话题，就算我不问，智妍也一定会说"因为我高考考砸了……"，并且次数很频繁。如果问"你为什么选了工商管理专业"，她也会回答："因为我高考考砸了……""工商管理专业主要都学什么？"她在回答这个问题之前也一定会再次提到那句话。期末考试前的最后一堂课后，我们谈起考试，她先是表达了自己对于学分管理的坚定决心，接着却又说道："我高考考砸了才来到这里，如果学分再考得低，就更伤自尊心了。"

为什么智妍每时每刻都在强调自己"高考考砸了"呢？何况西江大学的分数线可不低啊。但是，这不仅仅是智妍的特点，在和别的韩国大学生聊天时，也能感觉到他们否定自己高考成绩的倾向相当严重。当被问及

"念的什么大学"或"为什么选了这个专业"时，他们一定会加上类似的"补充说明"——"本来以我的实力不该考到这里""高考时没发挥好""高三的时候没好好学习"，以此表示自己的遗憾。说来说去，其实他们真正想说的话是我的实际水平比现在这所大学高，就是中间出了点失误，所以不要看轻我了。

对此，我不得不质疑。事实上，"没好好学习"本身就很荒谬。韩国的学生为了高考至少要学习十年以上，动辄做数十本习题册是基本，各种补习班和课外辅导更是家常便饭，他们的实力已经在高中时期发挥到了极致。正因大部分高考考生都经历过那样艰难的日子，高考当天才会看到那么多考生和父母殷切祈祷苦尽甘来不是吗？可是为什么这些当事人都说自己考砸了呢？

让我们具体了解一下智妍的生活，寻找线索吧。我偶然发现，智妍还有一个独特的习惯。偶尔会有高中的朋友发消息问她："你去哪个学校了？"对此，智妍的回答会根据对方的大学分为两个版本。如果是比西江大学分数更高的大学，她就会回复"西江大学……呜呜"——一定要加上"呜呜"表明自己对现在的大学不满意，好像在期待对方给出这样的反应："你怎么上了西江大学？凭你的实力不是延世大学高丽大学随便挑吗？"反之，如果对方上的是比西江大学分数低的学校，

　　　　　　　　　　　　　"我们赞成差别对待"

她就会加上两个感叹号，回复："西江大学！！"接着，就算明知道对方上的哪所学校，也一定会加上这个问题："你去了哪个学校来着？"

　　智妍坐公交或地铁时，如果看到有人穿着有字母"S"标志的棒球服，就会悄悄地走到那人背后确认"S"到底是哪所学校的英文名首字母。如果是首尔大学，智妍会莫名沮丧；如果是淑明女大、祥明大学、西京大学，就会有一种微妙的快感。不仅如此，如果有人拿着带有"延世大学"标志的书或者笔记本，智妍也会目光灼灼地盯着，无论如何都想确认那人的专业。如果那人上的是某文科专业，智妍就会在心里嗤笑："为了上名校不顾专业……要是这样的话我也能上延世大学。"其实，智妍也经常会和我强调："我呀，当时完全可以考上延世大学分数低的专业，但又觉得只看名气选择学校的风气很可笑，所以报了西江大学的工商管理专业。"至此，智妍每天把"高考考砸了"挂在嘴边的理由也就渐渐浮出水面了——现在的二十多岁大学生和高考分数决定的大学、专业排名形成了绝对的捆绑关系，并且乐于根据这个排名来评价他人，从上至下形成了一座鲜明的金字塔。

表6　韩国部分高校专业高考录取分数金字塔

出处：2013年度韩国高考分数段

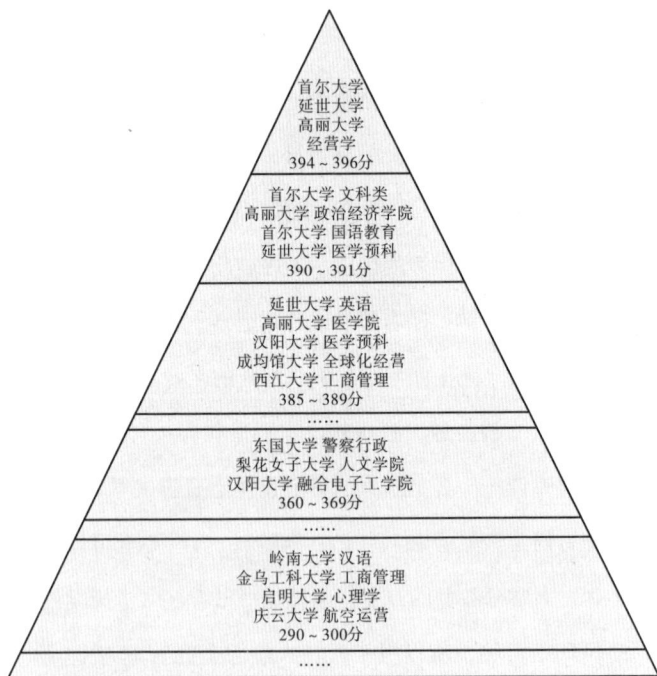

首尔大学
延世大学
高丽大学
经营学
394～396分

首尔大学 文科类
高丽大学 政治经济学院
首尔大学 国语教育
延世大学 医学预科
390～391分

延世大学 英语
高丽大学 医学院
汉阳大学 医学预科
成均馆大学 全球化经营
西江大学 工商管理
385～389分
……

东国大学 警察行政
梨花女子大学 人文学院
汉阳大学 融合电子工学院
360～369分
……

岭南大学 汉语
金乌工科大学 工商管理
启明大学 心理学
庆云大学 航空运营
290～300分
……

以高考分数决定的大学排名，让智妍时刻在优越感和自卑感之间徘徊，她的高兴或难过也皆由此决定。所以，在别人弄清楚西江大学工商管理专业在高考录取分数金字塔里的位置之前，智妍无论如何都会加上那个补充说明，就是不想让别人觉得她只有考上西江大学工商管理专业的水平。她不想让别人以只根据分数选择大

　　　　　　　　　　"我们赞成差别对待"

学的一般固定观念来评价自己，这是一种对共情的"呼吁"，也是在多次只凭学校名字就被评价后，产生的一种自我保护。

和智妍态度类似的人，他们的反应其实和有没有尽最大努力、有没有毫不后悔地度过高中时期没有关系。事实上，即便他们选择了适合自己的大学和专业，和别人交谈时也是这样的反应。所有参加高考、考上了大学的学生，都曾在题海奋力遨游，然后他们被录取了，他们也为此开心，但这种心情也就到此为止了——不管他们曾经有多努力学习，不管他们是否满意自己的努力，在这一切都转换为分数和大学录取结果的瞬间，任何一个韩国年轻人都无法全然地感到开心。因为无论自己处在哪个位置，都一定有超越自己的人，没人在意自己在学生时代付出了多少努力，只会按照现在的这个"排名"来评判自己。他们很难不在意，所以无论以多好的成绩进了多好的大学，他们还是会关注分数更高的大学，以及同一所大学里分数更高的专业。

高考分数和凭此进入的大学，相当于自己努力后取得的成果，按照自我开发书的说法，为此结果负责的人只有自己。所以，就算因为大学校名遭到轻视或歧视，也不该埋怨任何人；也没有理由同情这样的人，体谅他的痛苦。二十多岁的年轻人无法否定这一原则，所以智妍会那样暗自鄙视他人，又不想因为同样的理由受伤，所以她费尽心思地强调"我和西江大学工商管理专业的其他学生们不一样"，先发制人地抛出"我是例外"。

他们认为，高考成绩是公平竞争得出的公平结果。这本身不是什么问题，但如果高考成绩成为唯一的信念，使其他探讨都变为不可能，那就另当别论了——在产生结果的因素中，个人努力以外的变数都不予以考虑。在这一瞬间，高考成绩的差异成为某种歧视的合理根据。造成不理想结果的其他社会性因素不被纳入评价体系，既有的固定观念便被扩大再生产。因此，"平时不好好学习才会那样"才成了不变的真理。

所以，智妍不认为凭大学校名去判断他人是个问题，反而觉得很合理，因为她也会用这个标准去评价他人；当她自己成为被评价对象时，她会不遗余力地为自己辩解，因为她很害怕。

不同于追求学问积累或水平的"学力主义"，也不同于只简单区分文化程度、有没有大学文凭的粗暴"学历主义"；不同于常和血缘、地缘一起提及的"学缘关系主义"，也不同于拉帮结派的"学阀主义"——这就是"学历等级主义"。二十多岁的年轻人对学历等级化秩序的执着，比过去的学历主义更加精细，自我内化的程度也更深。基于学历产生的比较和歧视已成为理所当然的事情，并没有质疑的理由。所以他们会去伤害他人，也会受到伤害——这就是尊崇"学历等级主义"的二十多岁年轻人赤裸裸的剖白。

一天，我和通过各种人际关系找来的十五六个"首尔圈"大学生围坐在教室里，一起看电影《我的流氓爱人》。电影主人公韩世珍（郑裕美饰）很好地展现了作为时代弱者的大学生形象。她二十多岁，虽是地方大学毕业但绩点高，托业成绩也很优秀，还读了研究生。但有一天，她上班的公司突然倒闭了，她只能重新开始找工作。面试官要么不好好提问，要么让她直接跳个舞，明目张胆地羞辱她，甚至还有面试官要求和她发生性关系，并表示会好好"照顾"她。经历了各种曲折，韩世珍最后找到了工作，因为她终于遇到了能通过正常的面试充分展现自己专业性的公司。面试的负责人问道："你很专业，为什么到现在为止一直没找到工作？你认为理由是什么？"韩世珍回答："因为到现在为止，没有人问过我专业上的问题。"

看电影时，学生们都是一副"就业现实已经到了这种程度了吗"的惊讶表情，还有几位朋友哭了出来。如今对待万事都无比冷静的大学生，竟能理解"被歧视的弱者"的境遇，让我眼前一亮，有些激动。我恰好想通过这部电影，在讨论"学历等级主义"这一根深蒂固的韩国社会问题的同时，深入探讨年轻人本身的问题，尤其是想对"地方大学"一词在韩国社会具有的内在含义进行批判性的反省。在韩国，大家都心知肚明，"地方大学"的含义并不是位于某个地区的地理意义，而是大学排名靠后、水平低的贬义。对地方大学的偏见就像标签一样紧紧贴在地方大学的学生身上，使他们无法获得公平的机会，成为被迫接受所有不当要求的"弱者"。

于是，电影结束后，我自信满满地说："你们啊，都在'首尔圈'上大学，但试想一下，如果地方大学的朋友在就业资料审查上被企业差别对待，或者只看学校名字就把他们淘汰了，这是不是很不公平？"我的话音一落，气氛突然冷了下来，大部分人都用一种"那是什么话"的眼光看着我。面对他们无语的表情，我顿感不知所措，明明刚才他们还在为地方大学学生因社会偏见遭受的就业痛苦而流泪呢……五分钟之内，他们就向我明确表达了"怎么可能没有差别"的立场。他们虽然有为他人流泪的温暖胸怀，但也从未失去冷静理智的判断。成均馆大学学生崔圭民说：

"唉，但是地方大学和我们的学校比起来，排名差的可不是一星半点，把那些学校的学生看成和我们同一级别的，也太不像话了！"

在场没有一个二十多岁的年轻人反对这句话。

对"落榜"同辈的体贴，抑或轻视

二十多岁的大学生，一边为准备就业的同辈的可怜处境流泪，一边又认为歧视是理所当然的；虽然对地方

　　　　　　　　　　　"我们赞成差别对待"

大学学生经历的情况有感性的反应，但并不认为这是错误的。虽然有同情心，但也只有同情心。

为了理解这一反应的内核，需要了解他们表现出的同情心究竟是什么。让我们再来看一看，二十多岁的年轻人是如何"体贴"那些"远远不如"（他们自己亲口所说）他们的同辈的。通过数次采访，我发现这背后也潜藏着自我开发的逻辑。

> 我有一个朋友，也是地方大学的，梦想是成为MBC[1]电视台的制作人，正在很努力地学习。在如此艰难的环境里，还能为实现自我而努力，很不简单，真是让人欣慰。

这话听起来可能没什么特别的，但对同辈朋友用"让人欣慰"这种表达，某种程度上带着一点身处高位的俯视态度。对于地方大学相关的社会偏见让就业环境变得更艰难这一点，他意识不到任何问题，只关心他人是否努力战胜了困难——朋友上地方大学是公平竞争的结果，所以社会对他的歧视不是错，他当然要自己承受；如果想推翻这种歧视，就只能付出百倍千倍的努力找到一份好工作。

---

[1] 文化广播公司（Munhwa Broadcasting Corporation），韩国四大全国性广播机构之一。

自我开发书中最常出现的事例，就是地方大学的某某进了大公司或创业成功的故事：我因为没有好好学习，上了地方大学——虽然遭到很多歧视，但那是我当初没有好好学习的代价，没有别的办法——所以我拼命地努力，然后慢慢认识到自己真正的价值。每当有人指出社会就业现状的矛盾之处，这零星的几个成功事例经常会成为"社会还是很公正"的证据，稳固地维持着"只要努力，世上就没有做不到的事"的自我开发逻辑。圭民评价他的朋友"让人欣慰"，也是因为朋友做出了符合这一固定观念的行为。

　　因此，可以说圭民的"体贴"是以特定的偏见，即对地方大学的轻视为前提的。在大学生群体中，圭民并不是个例，让我们继续听听与圭民一起流泪的高丽大学学生池胜元的故事吧。

　　胜元每周末都会在舅舅开的一家自助餐厅打工，在餐厅一角擦盘子，虽然时薪不高，但就当是入伍前的"人生体验"了。胜元在那里遇到了已经干了一个月的大学生H，但是胜元对他的第一印象不怎么样——H整天吊儿郎当的，还十分在乎自己的外表。胜元想问H是哪个学校的，但最后忍住了，他自认为这是一种体贴。H已经服完了兵役，胜元想：他都进过军队了，还是这副德行，肯定不是什么好大学出来的。所以如果先表明自己学校名字的话，可能会让对方感到不舒服，于是他

94　　　　　　　　　　　　"我们赞成差别对待"

刻意避免了这个话题，发扬了自己的"体贴"精神。

胜元的这种"体贴"也表现在教会里。他是教会青年部部长，在教会里，如果其他大学生不谈论学校的话题，他也绝不会首先提起。这么谨慎是因为他觉得在三十名左右成员的青年部里，不会有人上的大学比高丽大学更好，所以他克制自己，不先提起学校的话题。但这种克制里隐藏的是一种优越感，大概意思就是"为了不让你们感到羞愧，我就不说出我的大学校名了"，这"体贴"的另一面，其实是傲慢的轻视。

只看 H 的外表就揣测他上什么学校，无疑是一种偏见。胜元说他吊儿郎当的，也仅仅是因为看见他戴了耳环，而且有意思的是，胜元至今都不知道 H 上的是什么大学；教会青年部成员不谈论学校的话题是因为对自己大学的名字感到羞愧，这也只是他未经证实的猜测。胜元仅凭陈旧的偏见和模糊的猜测判断对方的学校，好像这样自己就能处在更优越的位置。

二十多岁的年轻人表面上不会看不起地方大学，但内心却有一种普遍的传统观念，会在双方自我介绍、报出大学校名的瞬间无意识地出现——"啊，这人肯定没好好学习才上了那所大学吧？到现在都还没打起精神来呢。"对默默努力的地方大学朋友的共情，是在这种观念下产生的。他们根本不会去想，迫使这些朋友必须这么努力的社会压力是否过于沉重了。

评价他人的狭隘尺度

世上没有人会认为自己是被偏见牵着走的，所有人都觉得自己的行为有理有据。大学生如此理所当然地歧视他人，根据对方的学校将人分三六九等，大概是因为他们坚信不同学校的总体实力存在差异。

其实，正视对地方大学有刻板印象不是一件简单的事。大家一定想问："'首尔圈'大学学生和地方大学学生之间存在实力差异，这不是肯定的吗？"很多人相信"虽然歧视是不对的，但差异一定存在"。也许是过去的某些经历让他们加深了这种信念，比如，某些四五十岁的企业经营者或人事负责人喜欢把大学排名和业务能力联系起来，解释不同员工的客观差异；又比如，三四十岁的普通职员在工作中遇到的能力很强的人多是所谓名牌大学毕业的，有过这种经历之后，很有可能就会给其他大学的毕业生较低的评价。

然而，前人的经验传到二十多岁的年轻人这里，就变成了极其理所当然的道理。换言之，他们认同大学的等级化秩序，其实不是出于自身经历，而很大程度上是因为他们原封不动接受了前人的评价，"明明还什么都没真正经历过"，却做出了同样的判断，"名牌大学的学生还真是不一样"。

通过间接经验树立某种价值观，本身不是问题，因为这世上不是所有的事都要亲身经历才能了解。但是，

"我们赞成差别对待"

通过间接经验感受大学差异的话，会衍生很多问题——
当想用亲身经历验证通过间接经验接受的"信念"时，
往往会越过不该越过的界限。就读于首尔某大学的智敏
在接受我的深度采访时，面对"如何客观认识与地方大
学之间的学术实力差距"的问题表示：

> 我家是地方的，所以地方的朋友很多，上地方
> 大学的朋友也很多。然而，在一些基础科目上，比
> 如"经济学原理"这门课，《经济学原理》[1] 是全国
> 通用的基础教材，那些地方大学朋友的学习进度却
> 比我们慢。看到这些，虽然知道不应该，但我也无
> 法控制自己这样想：原来那些学校和我的学校是有
> 差距的啊。

当我问到她，"经济学原理"这门课的进度差能否
明确体现学习能力上的差距时，她很诚实地回答："那
没有，都没机会见面，怎么能知道。"然而她却又推测，
"那些排名低很多的学校，在学生参与度、展示水平等
决定课程质量的方面，应该都和我们学校有差距"。

智敏心中已经对地方大学有了特定的评价，在验证
这个评价的过程中，她无论如何都无法摆脱之前的想法，

---

[1] 作者是美国经济学学者格里高利·曼昆。

以至于看不到任何可以解释此差异的其他理由。也许那所学校的教授并不是很推崇曼昆的学说，进行了很多其他方面的讨论呢？可这一点还是被智敏当作判断朋友学校水平的依据。

在从学生的谈话和报告中整理出的 104 个案例中，对于"你是否亲自确认过排名更低的大学与自己大学的实际学术实力差距"，92% 的人都回答了"否"。没亲身体验过学校间的学术实力差距，其实是很正常的。他们十九岁之前一直在埋头学习，二十岁就直接上了大学，根本没有比较的机会。我们应该关注的是，正因为他们过于相信间接经验推断出的"实力差"，所以淡化刻板印象的机会从根本上被切断了。让我们继续听听智敏的回答。

我朋友的男朋友上的是地方大学，我朋友因为必须做作业而不能跟他约会，他却完全无法接受，好像根本不能理解为什么作业非要在那天完成。地方大学的学生都有点这种倾向吧？荒废学业，对未来也不怎么重视……说实话，学习不就是用不用心的问题嘛，不管脑子多笨，只要用心学了就会有结果，这不是高中时就该知道的吗？又不是有运动或美术上的天赋，也没有走其他路的想法，作为学生就应该好好学习啊。

　　　　　　　　　"我们赞成差别对待"

智敏举了朋友男朋友的例子作为学历歧视的根据。值得注意的是，这里她把单一的事例无限扩大化了，仅仅一个不爱做作业的学生，瞬间就让她对地方大学的印象向着最坏的方向发展了，她也不认为没真正见过面就这样判断一个人是错误的。这里我要说明一下，以上这些不是智敏不经思考就随便说出来的话，她也曾和我分享了很多关于韩国年轻人问题意识的思考，也认识到了学历等级主义建起的壁垒给人们造成了更大痛苦的事实。但是，"虽然可怜，但还得一码归一码"的主观想法还是未曾动摇过一分一毫，就像我前面讲到的那些年轻人一样——在无数间接的事例中，无论如何也要找出能巩固其信念的根据。

可能有读者想问："那你的意思是，不同大学之间没有实力差距吗？"可现在讨论的不是这个问题（会在第四章具体说明），现在的问题是，二十多岁的大学生缺乏共情能力，无法克服间接经验带来的局限性，惯于对别人进行绝对评价。大学排名之所以会成为社会问题，最主要的原因就是仅凭"学习能力"（高考分数）把人分三六九等，判断一个人的能力。

上一代二十多岁的年轻人还可以相对自由地摆脱这种偏见，他们撼动了前人的价值观，让整个韩国社会达到了某种平衡。但是，这一代二十多岁的年轻人却常常把上一代到了三四十岁才逐渐形成的看法奉为圭臬，他们想着反正早晚也要踏入社会，早些知道更好，该说这是一种对社会的"预习"吗……对于这种氛围的形成，自我开发书可谓"功不可没"，大部分自我开发书都致力于借"成功人士"之口，传递"你应该知道的社会常识"，其真身却是赤裸裸的刻板印象——"社会是野蛮的！赶快接受现实，提前准备吧！"

于是，上一代陈旧的偏见就这样原封不动地固定和传承下来了。"因为是地方大学毕业所以只能拼命努力"的说法本身就是以对地方大学的偏见为前提的，在这种偏见下，地方大学毕业的年轻人在他人眼里就是"能力不足，懈怠懒惰"的形象。听说最近连小学生都会计较班主任的毕业院校，这得是从上一辈那里听到过多少次类似的言论才会出现的现象啊。

"请尊重我的成果。"

很多社会学学者批判自我开发书的理由之一就是其过于标榜过去工业社会的"战士型"模范。比如，他们会宣扬这样的做法："以实现出口一百万美金为目标！为了减少作业中上厕所的次数，午饭就不要喝汤了！"高速公路建设过程中发生的数人身亡的不幸事故，在"最短时间竣工"这样伟大的成就面前也算不得什么。成果，才是永远被称颂的对象。自我开发书的"战士"主人公一定要取得某种成果才能成为榜样，没当上

　　　　　　　　　　"我们赞成差别对待"

CEO、没考上首尔大学、没赚到十亿韩元，就不是完整的自我开发故事。这时，成果本身成为受尊敬的对象，根本不会有人怀疑其实现的可能性和正当性，而会认为这是在公平竞争中更努力的人理应获得的回报。

二十多岁的年轻人之所以会理直气壮地主张自己并没有实际感受过的实力差距，其根源就在于对"成果指标"的极度信赖。如果一直追问他们"能说说让你亲身感受到实力差距的事例吗"，几乎所有人最后都会把话题引到一处——高考分数，这就是评价他人时的底气。他们的逻辑很明确，A大学和B大学在分数线上的位置不同，其学生日后的实力也必定不同。对他们来说，大学里经历的一切并不重要，像创新能力、发展潜力或诚实品格这些无法用具体成果指标衡量的抽象概念，在高考分数面前更是不值一提。

提到韩国人心目中高考的重要性，三天三夜都讲不完。可以确认的一点是，高考是目前判断高中学业成果的所有制度中最具公信力的一种。但是，仅凭高考分数判断A大学和B大学同样的工商管理专业，以及该专业学生之间实力的差距，真的合理吗？

年轻人相信，高考成绩是根据一个人时间管理的优劣程度得到的公平结果。用过去的努力获得的成果判断一个人的未来没有任何问题。可是，承认过去的成果，却完全不考虑以后的变化，是不是也存在问题呢？对于我的惊讶和疑问，一位学生这样答道：

> 因为提高高考分数太难了啊。高考在某种程度上是评价一个人最客观、最具公信力的考试了，这可是十二年教育集大成的结果啊，和别人的分差，就是我努力的回报。虽然我考得也没有多好，但就算是为了这个分数，我那时也放弃了很多别人都在享受的东西。为了考上首尔的大学，我平均每天自习十小时以上，把自己关在自习室里，一个劲儿地学习。别的朋友还会谈谈恋爱什么的，我在高考之前从没接触过这些，就是怕影响学习。最后，不努力还谈恋爱的朋友果然都去了地方大学或专科大学。所以说，我们对待高考的根本态度就是不同的。

和大学生们讨论学历等级主义时，我经常会从他们身上发现这种逻辑。他们看起来都清楚现在韩国的学历至上主义多么严重，但只要再进一步，他们就像约好了似的表现出完全相反的立场，开始强调自己为高考付出了多少，想以此证明学历歧视的正当性。当然，不是说努力没有意义，只是它究竟能否与两个大学工商管理专业学生的总体实力差距直接联系在一起呢？

另外，可能有人觉得，只有所谓"好大学"的学生

　　　　　"我们赞成差别对待"

才会看不起别的大学的学生，这大概是因为，总有"首尔圈"大学学生瞧不起地方大学学生的桥段发生。但其实不能认定"首尔圈"的学生就是加害者，地方大学的学生就是受害者。这个机制的作用范围，上至排名顶端的首尔大学，下到排名倒数的四年制大学，所有大学无一幸免。延世大学看不起西江大学，西江大学看不起成均馆大学，成均馆大学看不起中央大学，中央大学看不起世宗大学，世宗大学看不起西京大学，西京大学看不起安阳大学，安阳大学看不起圣洁大学……如果以上链条中的后者将前者看作与自己"差不多"的大学，前者就会立刻反驳"说什么胡话呢"。继续列举的话，就是四年制大学看不起专科大学，专科大学再以同样的标准在内部划分等级。就这样，所有人都在按照这个逻辑成为加害者，同时也必然会成为受害者。只有第一名才能生存下来的弱肉强食的社会结构，极度不公平却依然坚不可摧，这都要归功于所有社会成员的"积极支持"。结构的受害者同时也是结构最忠实的拥护者，所以社会永远无法迎来变化。

他们中的大多数人确实都具有一种同类意识——对他人"上升"的抗拒。他们坚定地认为，要从源头遏止他人的上升。理由很简单，如今一个人在竞争中被淘汰的可能性比过去大了很多，即使有大学毕业证、托业分数、志愿活动、国外进修、所获奖项等等，还远远不够。但不管怎样也要坚持住啊，如果能用高考分数这一客观的成果指标，先将一部分人排除出去，可是非常有用的——对于习惯了"无论如何都要生存下去"的二十多岁年轻人来说，这是再自然不过的选择了。

在扮演加害者角色的同时，排挤他人成为不可或缺的生存策略——他们就像以正义之名行屠杀之实的"十字军"。这样定义一直以来和我分享故事的孩子们，我也非常心痛，但这就是严峻的现实。眼看着他们的青春变得如此落魄又拙劣……最可悲的是，他们二十岁的青春年华才刚刚开始。

怎么说呢，虽然我也不太清楚具体情况，但地方大学的学生好像确实不太行。

我和二十多岁的年轻人一直都相处得很好，但进行采访的那段时间应该是他们和我最疏远的时候了。因为对于"你是否亲自确认过"的问题，他们总觉得我在咄咄逼人，在嘲讽他们。他们以为自己被当作了奇怪的人，非常不快。我只是想让他们亲眼看到，自我开发时代给二十多岁的年轻人带来了多么不合理的刻板印象。在这个过程中，我可能会让他们感到不舒服，但我依然坚信，这才是真正理解二十多岁年轻人的道路。

话说回来，就在我满腹苦闷的时候，孝静找到了我。

"我们赞成差别对待"

孝静是 2011 年第一学期我在某大学开设与此主题相关的社会学讲座时，参与最积极的学生。之后她转入了高丽大学，但还是一直来参加我组织的聚会。某天聚会结束后，她表示自己现在很痛苦，想和我谈谈。

"老师，我实在是不能认同。"

"不能认同什么？"

"不是，老师总说我们那是'偏见'，但事实不是如此吗？学校不好的学生，一眼不就能看出来？您在很多学校都讲过课，您没感觉出差异吗？是我太过分了吗？"

"嗯……我只是觉得，你们将没有亲自确认过的东西当作'事实'，陷入偏见是个问题，我认为这会使你们的处境更加艰难。当然，中学时期谁努力学习，谁没有努力学习，肯定存在差异，但那已经是过去的事了，现在还要用高考分数去判断一个人吗？是不是有点一意孤行了？这才是我认为的问题所在。如果不亲自确认能力差异，而总是以过去的标准来判断他人，那不就意味着，高考以后再怎么努力都没用了吗？"

"您先听我讲。我上次参加了一个同学会，一到那里，顿时感觉不同学校的水准就是不同。学校不太行的那些朋友，一个劲儿聊追星的事……还有那种炒股的，那些人就一直在那比谁知道的内部消息更多，这也太掉价了吧？"

爱不爱谈论追星和学校优秀与否并没有直接联系，但是孝静看她的朋友时已经戴上了有色眼镜，在某大学的某人说某句话的瞬间，孝静就已根据固有印象对其做出了评价。地方大学的朋友刚谈起追星的话题，孝静就产生了"看吧，你们每天就关注这些东西"的想法。也许孝静自己也和朋友们谈论过艺人的事，但那时的她怎么也不会想到，这会成为评价一个人素质的标准。一旦执着于这些刻板想法，就会出现越来越多远离本质的理由。我直截了当地问孝静：

"好，你既然是高丽大学工商管理专业的，那肯定比稍差学校的工商管理专业学生学习更好吧？"

"呃……嗯……那应该都差不多吧，工商管理都是上了大学以后才开始学的嘛，我的绩点也不怎么高。啊，不过确实有差异，我听说过××大学工商管理专业的事，据说他们学校的学生会在考试期间撕图书馆的书，只拿走自己要看的部分，那可是图书馆啊。最后图书馆里的书就只剩封面了。"

"真的？"

"别人都是这么说的，我听说这件事后还觉得

　　　　　　　　　"我们赞成差别对待"

'真是，原来在这种地方也会有差距'……该怎么形容呢？与其说知识上存在差距，不如说他们在道德上就有某种缺陷？或者说他们不太懂事？对学校也没有一点自豪感，真是难以置信。所以我觉得我还是比他们强些，至少我会自己学习，把内容都背下来再去参加考试，我们学校从来不会有人做出撕书这种事。对了，据说那些学校的学生作弊的水平也是一流呢。"

此时此刻，故事的真实性已经不重要了，哪所学校都有学生作弊，都有人撕图书馆的书（有时还会偷书）。重要的是，她把这些事情当作"实力差"的依据。其实孝静提起道德这种纯粹个人主观化的问题，只是想快点结束讨论，她已经偏离了原来的问题，即如何才能得知真正的实力差。

"对了，还有一件事，这件事我很确定。我不是坐地铁上学嘛，一路上会经过同德女大、首尔工业大学、首尔女大几个大学。早上有很多大学生坐地铁去上学，但是真的，一下子就可以区分出来。那些流着口水呼呼大睡的，呼噜噜喝冰咖啡还咔嚓咔嚓嚼冰块的，看低级杂志和一直玩手机游戏的，绝对不会在我们学校下车。"

"这些人怎么了?"

"怎么了? 不是很明显嘛! 这都不算差距, 那什么才算差距?"

"但这并不能体现实力差距吧……"

"哎呀, 老师您……一个人平时的态度和公德心多重要啊!"

"唉, 那也不是一个问题……好吧, 就算是这样吧, 那你们大学的学生就不会有这些行为?"

"肯定也有, 但至少不会像他们那样。"

当时孝静的态度认真得令人不忍心打断她, 我至今都对这段对话记忆犹新。有人听到她的这些言论可能会惊讶"这真是大学生说出来的话吗", 可是孝静虽带着些醉意, 但语气依然是理直气壮的。我去同德女大上过很多次课, 所以也坐过很多次孝静说的那班地铁, 在我看来, 孝静所在的高丽大学的学生也会在地铁上睡大觉, 也会一直低头玩手机游戏; 尤其到了晚上, 喝得酩酊大醉的高丽大学学生在地铁里引起的骚乱简直让人无法直视。孝静一定也见过, 只是她对高丽大学学生的看法从一开始就有些偏颇, 所以没有意识到而已。

在这段长长的对话里, 孝静一直都没能明确其他大学与自己学校的实力差距, 一旦我要求她具体说明, 她就开始顾左右而言他, "那种学校的学生能干什么?"

"我们赞成差别对待"

那么孝静都是在什么地方找到差距的呢？那种执着地想找出差距的动机又是什么呢？

逐渐固化的既存偏见

越让他们具体地证明大学之间的直接竞争力差异，想要"守住"自己学校排名的他们的回答就会越远离逻辑性，总是从"那些学生上课迟到、在课堂上吃东西、在课堂上只知道睡觉"等生活或学习态度入手。我接触的 57% 的二十多岁年轻人都在讨论中引用了类似的观点。当然，学习态度不认真的学生无论在哪所大学都很常见，但当他们自己的群体内部出现这个现象时，他们就只会将其归结为"个人教养"问题。

类似的，还有很多二十多岁的大学生都曾用"那个朋友不太了解时事常识"的理由来阐述实力差异，这代表他们认为对时事的关注度能体现学校间的实力差。但是，如果反问他们学校的学生有多了解时事常识，其实多半也说不明白——可为什么他们看不到身边这些更容易找到的例子呢？正是因为他们对内就只将这个问题看作"个人教养"——"不清楚时事常识还能有什么理由，不过是不感兴趣罢了，再不然就是太热爱学习了，没工夫去关注"。

如果进行精细的调查，也许对时事常识的了解程度、课堂气氛的好坏与学校和学生之间实力的差异会呈现出更有意义的相关性。我不是想否认大学之间的实力差距，问题在于大学生们对实力差距的判断是以刻板印象为基础的。结果还未发生，大脑就已经产生了那些看法。可这不会产生问题吗？如果统计数据显示黑人和外国务工人员的犯罪率高，就把他们当作潜在犯罪者对待，不给任何机会，那么他们成为真正犯罪者的概率就会升高，这就是"自证预言"的威力。

再举个例子，企业经常以女性员工生育对公司效益有影响、女性员工工作不积极等理由优待男性员工。但如果因为这些对女性的刻板印象，给予男性更多机会，女性就更得不到提高业务能力的机会了，从而热情熄灭，自然对工作也不再积极。这不是刻板印象是否属实的问题，如果当初没有抱有刻板印象，事情的发展可能会完全不同。

从这个角度看，我们更应关注二十多岁年轻人的反应。当他们看向比自己排名低的大学学生时，那些学生的所有行为都会和自己的学校名字挂钩，就算只是洒了点水，可能都会被说"因为脑子不好才这样"。

他们完全不关心"那些大学"的学生就读期间做了什么，做成了什么，不管做了什么都不如自己，确切地说是"必须"不如自己。就这样，越争论话题越偏，甚至有人说出了"在差劲的大学里跟差劲的教授学习能好到哪儿去"这种歪理。如果我追问怎么证明那些教授的水平不如你的大学的教授，他就会模棱两可地回答："我们学校名牌大学出身的教授应该更多吧？"难道他们觉得名牌大学的学生更优秀，是因为有名牌大学毕业的教授吗？

但学生们并不能意识到自身的矛盾。论文发表的篇数也许能在某种程度上体现各大学教授的研究能力，但说教授的讲授能力与出身大学有关……更何况，40%—50%的本科生课程都是由奔波于各个大学的时间制讲师教授的。连教授的学历都要被拿来证明自身的优越性，这似乎有些强迫性——不管怎么样都觉得对方"低人一等"的那种强迫性。

对大学优劣的偏见如此根深蒂固，意味着他们已经把大学排名当作身份制社会的坚固等级。过去区分的单位很宽泛——是不是大学生，是不是"首尔圈"大学，等等；现在却分得很细，在高考分数段中只差几分的学校间也存在这种逻辑。不是粗略地分成几个大的范围，而是全部打碎，再一个个按顺序排列，每一级台阶都存在自上而下的无情排挤，就像严酷的种姓制度。

一次，我单刀直入问一个延世大学工商管理专业的学生："你认为延世大学的工商管理专业比西江大学优秀在哪里？"这位朋友平时对学校没什么感情，常常抱怨延世大学的老师过得太一帆风顺了，根本不懂人情世故，还毫不掩饰地表示十分厌恶学校亲近企业的氛围。

但是，一旦出现了比较对象，他就像突然变了个人似的，一边说着"我没有上过西江大学的专业课所以不太清楚"，一边又开始仔细地寻找证据，比如延世大学师资阵容优秀、课程内容充实、校园更大，等等。

更让人惊讶的是他竟然说因为延世大学的校园更大所以更优秀（这么想的学生其实不少），校园的大小和实力之间到底有什么相关性？虽然这里他应该不是指校园的面积，而是指延世大学有医学院而西江大学没有。可是因为延世大学有医学院，所以延世大学的工商管理专业比西江大学的更好，这又是什么逻辑？

有意思的是，相当多的西江大学学生都接受了这个逻辑。如果反过来问他们"你们觉得西江大学的实力和延世大学比差在哪儿"，很多人都会答非所问："因为我们学校没有医学院。""那和实力到底有什么关系？"他们还是会答非所问："因为延世大学的朋友们都这么说。"就这样，延世大学学生优越感的证据成了西江大学学生自卑感的原因，大学间的等级差异就这样成了不可动摇的真理。

看来，对于二十多岁的大学生来说，是否有客观的证据并不重要。不管有没有证据，他们都坚信排名比自己低的学校学生能力也肯定比自己差，无论如何都要给予更低的评价，而且打心里觉得这样的评价正合适，几乎形成条件反射。同时，正因为他们藐视每个排名更低

"我们赞成差别对待"

的大学的学生，所以当遇到排名更高的大学学生时，自然也会感到自卑。假如有个好久不见的高中同学，也许通过复读或转校，突然考上了排名更高的大学，那么听到这个消息的同学，十有八九都会有既羡慕又自卑的感觉。

大学排名成为判断他人的绝对标准，必然也会成为同时带来优越感与自卑感的双刃剑。抱有优越感的他们会毫不忌讳地对排名低的大学学生说出"不好好学习、懒惰、脑子笨、肤浅、没有天分"等恶语，同时他们也清楚地知道，自己在面对排名更高的大学学生时也会成为这些恶语的受害者。即便如此，他们也不认为这种歧视是错误的——这都是没法追究的事，自己考的不如别人，承受这些也无可奈何。然后他们就会开始默默念叨"我高考考砸了……"

他们无论在什么情况下都必须感到"委屈"，这种"委屈"当然不是出自对不合理结构的愤怒，而是出自自卑感。为了减轻这种自卑感，他们才会使用那些蹩脚的防御方法。

比如，不少西江大学的学生都会这么说，"凭我的实力本来完全可以上延世大学、高丽大学的，只是因为高考没考好才来了这里"，然后叹息一声"我原来连西江大学在哪儿都不知道呢"，果真是这样吗？八成都是假话。鉴于韩国社会近乎疯狂的升学考试文化，他们在高中时期没有听说过西江大学的可能性几乎为零。

但他们无论如何都想说明："我的高考分数可以不止这些的！"

就像认为对非正式员工的歧视等社会问题是理所当然的，他们没有反抗这一逻辑的意识，所以只能在那里做着无用的辩解。

黑暗的高考回忆

但是，他们是从一开始就认为用高考成绩来划分等级是不容置疑的吗？不是的。根据我的观察，其实每个人都痛恨应试教育。无关个人的喜好与才能，只凭高考成绩就被宣判去往哪所大学，这一直是他们的黑暗回忆。机械比对高考成绩和分数段，然后扔出一句"报这个分数段的大学就行了"——他们也对这样"报考指导"的高中老师感到失望和厌倦。老师总想让学生尽可能报上排名最高的学校，才能、适应性、喜好统统不在考虑范围之内，因为对他们来说最重要的是把学生送入排名更高的大学，得到指导水平优秀的评价。这样的学生时代在年轻人心中留下了永远的伤痛，一位学生在课题作业中坦诚地阐述了他不得不严格依照高考分数选择大学的经历。

2005 年，我考上了西江大学经济学系。当时，延世大学的人文学院和西江大学的经济学系我都报了，这确确实实是我的选择，是的。但说实话，我只是根据分数选了两个和我的人生目标毫无关系的专业，那么，到底是什么让我做出了这样的选择呢？上了六年大学，我第一次仔细思考这件事。可能有很多人都和我一样，完全按照分数报的志愿。可以说，大学分数段是全社会共同为考生们制定的选择参考，这样看来，大学等级化还真的是非常便利有效的信息呢。但是，一想到专业会影响职业选择，甚至可能决定人的一生，又不得不说这很危险。然而，我还是冒着这样的风险按照高考分数报考了西江大学的经济学系，只是因为怕浪费分数。对我来说，高考的475分就像一张价值475韩元的"购物券"，可以购买475韩元以内的任意商品，但不设找零。假如我们拥有10万韩元的购物券，购物时一定会努力凑满10万韩元吧，所以我当时想尽量不浪费地用掉那475分，那可是我不惜复读千辛万苦才获得的"购物券"，于是我把它用在了能实现最大价值的西江大学经济学系和延世大学人文学院上。是不想损失的心理，是别人花7万韩元买到的东西我用10万韩元买到很亏的这种心理，让我来到了这个地方，即使这里不是我真正想要的。其实，我那时真的很想去"400韩元购物券就能买到"的一个大学的电影系。

这个例子应该能让所有大学生产生共鸣吧，高考分数能轻易地熄灭一个人的梦想，或使梦想让步——有个朋友一直很想学工商管理，但他的高考分数比这个专业高不少，报别的学校分数又不够，所以他最后报了同一所学校很有名气的新闻传播专业。从那一刻开始，他的人生突然有了成为一名 PD（制作人）的梦想；还有一个学生很想成为数学老师，他本想报考祥明大学的数学教育专业，但志愿指导老师说"你这么高的分数去那个大学就是疯了"，所以最后他报了西江大学的数学系，因为那名老师说去西江大学也完全可以当老师。然而，那个学生最终没能入选只有年级前 10% 才能参加的教育课程，正在重新准备考教育专业研究生。这个学生激动地说："只凭一张纸就决定一个人的未来，这像话吗？"对二十多岁的年轻人来说，完全按照高考分数报考志愿并不是一个美好的回忆。调查显示，多达 78% 的学生认为高考分数线是对自身"不合理的强迫"，可见愿意强行选择与自己高考成绩匹配的学校的学生才是比较少见的。

尽管如此，现在二十多岁大学生的日常还是时刻和分数线纠缠在一起。"首延高、西成汉、中庆外市 [1]……"顺口溜一样的"首尔圈"二十所大学的排名完全支配着他们的生活，这个排名才算他们现在社会地

---

[1] 分别是首尔大学、延世大学、高丽大学、西江大学、成均馆大学、汉阳大学、中央大学、庆熙大学、韩国外国语大学、首尔市立大学的缩写。

位的"客观指标"。不管过去的回忆如何黑暗,既然现在已经来到了自我开发时代,就要换一种想法——分数差是让他们能差别对待他人的客观数字。它不是普通的数字,而是一个人"认真利用了时间"的证明,是突出自身竞争力的必不可少的存在,更是他们在如今社会环境中的救命稻草。而强调努力和时间管理的自我开发逻辑,在他们处在绝境之时,依然堂而皇之地证明着高考分数的"价值"。

学历等级,把别人拽下来或踩着上去

美国社会评论家道格拉斯·洛西科夫在《公司化的生活》一书中,以亲身经历为切入点,探索了"企业化的人们"的真实面貌。一个平安夜,他在自己住的公寓楼前被持枪歹徒抢走了身上的所有东西,之后他将这一事件发到了公寓论坛,本意是提醒公寓里的住户注意安全,却收到了这样的回复:"你不知道公开小区的名字会让房价下跌吗?本来房地产市场就已经够艰难了!"

这样的情况在韩国也是屡见不鲜。当然,反对垃圾填埋场等设施进入自己的小区可以理解,但是遇到公租房入驻或建造无障碍设施这种情况,小区居民也会举着"对房价下跌负责"的牌子进行抗议。甚至如果小区里发生了杀人、自杀或性侵案件，居民也会因为担心房价下跌而遮遮掩掩。不知不觉，"房价"成了一切价值判断的标准，结果就是绝对不会放任任何会造成房价下跌的事情发展。

对于二十多岁的大学生来说，高考分数就和房价十分相似。他们以高考分数为基础，建立客观且合理的等级标准，在这个等级标准中，准确确认自己的位置并据此行动。假使这个等级中出现了哪怕一点点的裂痕，大学生们也会为了守护自己的"位置价值"而奋起反抗，就像竭尽全力阻止房价下跌的居民们一样。

让我们来看看 2013 年韩国高考后在网上成为话题的"644 崇实大学事件"吧。"644"是指在高考中语文 / 数理 / 外语三门科目分别取得等级 6、等级 4、等级 4 的成绩，有人表示以这个等级排到了崇实大学预录取名单的第 11 名。因为第 11 名基本上就能确定被录取了，所以事态开始扩大。但根据往年的情况，以"644"的成绩是考不上崇实大学的。因此网上开始流传"原来崇实大学的录取分数还没有地方大学高，不过如此"等嘲讽，崇实大学的学生为了证明这件事纯属偶然，找来了各种资料，心急如焚地表示自己学校的水平没有那么差；一片混乱之中，又有人在网上造谣自己以"755"的成绩被录取，这次连校方都出具官方声明，表示绝无此事。

"我们赞成差别对待"

自己多年寒窗苦读才考上的大学的名字，有朝一日竟被拿来和从没放在眼里过的地方大学相提并论，崇实大学的学生对此感到十分愤怒，并做出了反击；然而，网络上的另一种声音则认为崇实大学虽然位于首尔，其实就是个地方级别的大学，因此产生了相对的优越感。比崇实大学排名高的大学学生，为觊觎自己位置的潜在对手栽了跟头而松了一口气；比崇实大学排名低的大学学生，则因为要赶超的大学从高处跌落而暗自庆幸。

　　但闹剧过后，回味却有些苦涩。二十多岁的年轻人都是从自我开发的战场摸爬滚打过来的，大学校名本来只是他们漫长的人生中通过自我开发得到的第一个果实，然而，这个果实却正在逐渐成为评价他人的固定标准。世界把竞争变成了最高原理，却连个公平竞争的机会都不给，为了得到机会，为了能被选中，哪怕一丝的优势都要最大限度地发挥。"世上能保护你的不是组织和国家，而是你自己，让自己成为无可替代的人吧。"所以，在这个需要证明"我比别人更好"的社会，学历歧视是一种必然结果，他们绝不会放过任何一点与他人的区别，这也是贬低他人的强大动机来源。

　　这种情况下，因排名低遭到伤害，被认为是自作自受。"我要是真学习好的话就去首尔了，我就是能力不行才来到现在这个大学，虽然生气，但是也没什么办法"[13]，明明是"受害的一方"，却也认为这是理所当然的。在这个加害者无罪、受害者有罪的氛围下，二十多岁的大学生毫无负罪感地、随心所欲地用蔑视他人来获取优越感，以求在心理上缓解一些身处竞争时代的不安。

在"要比别人更成功"的自我开发时代，虽然不能保证一分耕耘一分收获，但不管怎样，打压自己下面的人却是可能的。为了确认自己在他人之"上"，他们不得不对等级排名保持敏感，在个人"阶级跃升"难以实现的当下，至少也要阻止自己的努力贬值。出于同样的理由，他们也乐见于他人的跌落，不能错过坚固等级秩序的任何裂痕，所以别人的一点小缺点也会被放大。

商品化的个人，"滞销"的个人

所有自我开发类书籍都在强迫个性去适应社会标准——列举社会想要的人才是什么样的，要减肥，要面带微笑，甚至还要整形，别人生气也要忍耐……一切经由要成为"更具商品性的人"的逻辑变得正当化。但问题是，按照这些要求具备了商品性之后，却依然"卖"不出去，这种现象如若长期持续，会有什么结果呢？

那些格外在乎学校形象的大学生就很能说明问题。

以前，西江大学的一些学生认为，应该组织像"延高战"[1] 那样可以增强学校凝聚力的活动，于是就计划与成均馆大学、汉阳大学共同召开运动会。然而很多学生都明确反对，认为这是没有自尊心的做法。与大邱天主教大学的交换生计划也一样遭到了反对，对于与设有医学院的天主教大学合并的主张，学生更是以对分数线更高的西江大学来说没有任何好处这一点为依据，表示强烈反对。

借用小说家孔枝泳在《没有更美丽的彷徨》里的形容，20世纪80年代的学生"不想因延世大学或高丽大学的头衔被人评价，要将校徽扔进汉江"，可现在的学生只恨不能把校徽顶在头上。不过，当年那种"谦逊的态度"之所以成为可能，是因为仅凭身为延世大学或高丽大学学生这一点，就有相当多的东西可以得到保障。但是现在，凭借这些已经不能保证"能在柜台上被卖出去了"。这种情况下，他们更无法接受自己和"廉价商品"变为同级了，所以大学校名对大学生才如此重要，这和"母校情"并无任何关系。

就像2010年曝出性骚扰丑闻的××大学社团事件。起因是该社团的前后辈因礼节问题发生了争执，随后前辈将后辈的个人信息曝光在网上，而后辈在此时主张

---

[1] 高丽大学和延世大学举行的定期赛事，高丽大学主办的是"延高战"，延世大学主办的比赛是"高延战"。

"社团里存在着普遍的性骚扰文化"。当然，我不是要在这里辨别此事的真实性，我关注的是该校学生对此事的反应。这一事件最初不是在校内传开的，而是在第三方的个人博客公开后在几大网站扩散的。这时，上网看到这个事件的该校学生才激动起来，然而他们生气的点却不在事件本身，而在于这件事被传出去了。

这回无论在网上还是现实中都尽人皆知了，媒体还要发布相关报道，一旦见诸媒体，××大学的名誉肯定会大受影响，已经是不可原谅的了。本来只是一个人的发情行为引发的意外，结果成了有组织的集体行动，让××大学的名誉一落千丈。

就像××大论坛上这篇帖子的内容，学生的抱怨声越来越大，该社团最后在学校张贴了公告进行解释。这时，又出现了一个令人意外的帖子，标题为"可以暂时把公告撤下来吗？拜托了"。这又是为什么呢？难道社团的解释有问题？

我知道你们可能有很复杂的隐情，也知道你们突然被一棒子打成恶人很委屈，但在这个即将有五万名考生到来的周末，我很担心他们看到公告会怎么想，又会把这件事传到哪里。社团的朋友们，拜托了，能不能把公告暂时撤下来，等到周一再贴？本来也是要给我们自己的学生看的，明天是周末，很多学生不会来学校，没必要非在这个时候贴吧？

帖子的中心思想，就是招生考试期间，会有很多外部人员进入学校，公告可能会给学校的形象造成负面影响。至此，事情的真相已经被抛到一边，学校的形象才要紧。最后，矛头又指向了最初公开这件事的受害者。"受害者就这么把这件事传到网上太草率了，虽然我也不希望这种事情发生，但事情发展到现在，整个学校都在挨骂，我心里很不舒服。"

事件发生时，我正好在这所大学授课，就在课上展开了相关讨论。虽然表现得很内敛，但很多学生的反应其实都是担心学校形象被损害。理由就是，好不容易考上这所大学，一直以来都以学校的排名为基础积累履历，至今还不能确定自己算不算一个更好的"商品"，在这种情况下发生了可能会动摇学校排名的事件，如何让人不担心？核心思想很简单："我们学校的形象要是一落千丈，你来负责吗？"

有趣的是，这些很关注学校形象的学生，难道不是完全按照高考分数选择的学校吗？当初选择学校时，也根本没考虑过这些次要的变量，所以他们的担忧，并不是因为这个事件会给学校排名造成影响，他们只是"不安"而已。他们担心有人会觉得"××大学有一些不好的传闻,学生会不会也那样",害怕因此贬值,学校的形象遭到破坏,学生也会一起遭殃的想法,让他们无法镇定。

从旁观者的角度来看,他们的担忧显然是多余的,一般来说,学校的最低分数线不会因为这种事情有什么变化。但从另一个角度看,该事件也反映了大学生对"个人商品化"的执着——对成为毫无瑕疵的、更畅销的商品的执着。

学校棒球服的社会学

这里我想讲讲石俊的故事。石俊平时总是强调他"高考的时候状态不佳",他的想法很能代表二十多岁的大学生。每当石俊看到路边电线杆子上贴着家教传单,都要看看这个家教是哪个学校的,他常常和周围的人强调"我本来能去延世大学的心理学系或高丽大学的国际语言系,只是最后选择了西江大学的工商管理系",生怕别人误会。

当然,在别人问学校名字的时候,石俊也不会忘了"亲切地"加上自己的专业,即使根本没有必要。上课时,教授问他是哪一级的,他会回答"工商管理07级",

生怕别人以为他高考只有西江大学宗教专业的那点分数。对于石俊来说，只凭"西江大学"的名头不足以完全补偿他付出的努力，作为西江大学分数最高专业的学生，如果只被称为"西江大学学生"，总感觉缺了点什么，所以石俊常常骄傲地说"知道来我们系要考多少分吗"，甚至带着些强迫的性质。这样的石俊在遇到首尔大学、延世大学、高丽大学这三所大学之外的工商管理系学生或西江大学工商管理系之外的学生时，都会自然而然地感到底气十足。我问他是不是所在专业在校内分数最高让他感到自豪，他很直白地回答：

"这种情况很多啊，工商管理系的学生都瞧不起哲学系学生，我也是这样，小组会议时听哲学、史学系的学生说什么都感觉很搞笑，怎么说呢？就是狗屁不懂光长了一张嘴的感觉。"

我又问他为什么如此鄙视他们，他简洁地回答："那是当然的啊，哲学系的分数在西江大学是吊车尾，但是如果不计较专业的话，以西江大学工商管理系的分数甚至可以上延世大学。"

除此之外，石俊还常常鄙视自主招生考上来的学生。就像得意扬扬地问其他学校学生"你上的哪所大学"那样，遇到自己专业的同学时，他就会问他们是自主招生上来的还是高考考上来的，然后用一句"自主招生上来的学生根本不知道高考的难"，蔑视高考成绩占比较低的自主招生学生。通过外国人招生、社会统一招生、天主教招生等特别招生方式上来的学生更是被他瞧不起，理由是"这些招生方式不具备高考的公平性"，某些学生甚至称为了促进地区均衡[1]选拔上来的学生为"地均虫"。石俊认为，自主招生的学生实力达不到学校标准，只是运气好而已。要是按新罗时代的"骨品制"[2]来看，石俊自己属于"圣骨贵族"，而那些自主招生的学生只能是低人一等的"六头品"。

这样的石俊在见到后辈时自然也会问他们是高考还是自主招生上来的，就算一样是高考考上来的，他也会问那年的最低录取分数线是多少，然后开始念叨"今年的高考比较简单嘛，我当时……"而且，区分最初录取者、候补录取者，以及候补都没进的最终录取者也很重要。作为最初录取者的石俊，喜欢嘲讽那些连候补资格都没有，只因为前面的录取者放弃才进来的学生，"那些朋友的高考分数和我实在是差太多了"。即便现在已经入学六年了，石俊依然耿耿于怀。

就这样，石俊极度迫切地想要守护自己的位置并排挤他人，才会强调录取和候补的顺序也是有等级的。作

---

[1] 即地区均衡选拔制。高校录取新生时，考虑到地区之间发展水平不同，以平时成绩优秀的学生为对象，通过以内审为主的选拔形式，额外开放 20% 左右的招生名额。

[2] 新罗时代实行的一种以血缘关系决定政治地位和社会地位的严苛社会等级制度。

　　　　　　　　　　　"我们赞成差别对待"

为高考分数占比更高的高考录取者，他无论如何都想和论述、面试、作品分数占比更高的自主招生录取者区分开来，因为他认为"高考分数"才是体现时间管理能力最公平的标准。

石俊的以上行为，其实并不是对高考考上西江大工商管理专业的骄傲。多次对话中，我能感觉到，他的内心其实正在"要从竞争中活下来"的重压下备受煎熬。石俊无法把工商管理专业的同学看作朋友或伙伴，像"竞争传教士"一样每时每刻都在向前奔跑的同学的"速度"，以及鼓励他们竞争的教授施加的"压力"，都把石俊逼到了无法呼吸的境地，所以无论是社交还是学习，石俊都无法很好地适应学校生活。当然，迫在眉睫的还是就业问题，所以他只是想着，无论如何都要在这个对就业最有利的工商管理专业里坚持下来，摸索可以守住其优势的各种对外策略。他好似工商管理专业的宣传大使，不停强调这个专业的优越性，其实是出于可能会失去自己现在位置的恐惧，而正是最大限度凸显自身特别之处的强迫性，造成了这种恐惧的蔓延。

凸显自身的特别之处有一个"差别化战略"，那就是对大学生来说像原罪一样如影随形的"你是按照分数进来的吧"——推崇"按照能力和喜好"选择大学、经常说"如果按照分数的话我完全可以去更好的大学，是我放弃了才来这个学校"的学生就是典型例子，"我高考没考好……”的口头禅也会在这个情境下频繁出现。在这个过程中，把其他人贬低成"随便挑个专业来的"，也许是他们下意识的反应。

这种强迫感也影响到了石俊的穿衣选择，他在学校棒球服这个简单的问题上，也充分表现出了学历等级主义时代的敏感特征。石俊说他不会穿印有学校首字母的棒球服，因为对他来说，学校的名字完全无法起到积极的作用。

> 以前我在公交上看见穿着祥明大学棒球服的人，真的很佩服，如果是我，肯定会觉得丢脸，不买也不穿……看看延世大学的学生，穿棒球服时都不会背双肩包，背包也是背单肩包，就是为了露出"延世大学"那几个字。但是西江大学没什么值得炫耀的，说实话，我并不以自己的学校为荣，也不是觉得丢脸……就是对我来说，西江大学没有那么高的价值……我穿着西江大学的棒球服不会感到幸福，不会感到自豪，也不会觉得更有力量，什么积极的作用都没有，所以没必要穿。

一件衣服，或者一件衣服上的小小字母，对一个人来说竟有如此大的意义。或许正因如此，石俊看到有人穿着他最想去的大学的棒球服时，就会很自卑："我看到就是会觉得很帅气啊，棒球服上的'延世大学'几个字仿佛在闪闪发光，为什么我没能努力穿上那件衣服……"这种让他变得自卑的评价尺度，在石俊面对别人的瞬间又会变成蔑视其他学校的依据，他自己会因为高考分数低而羡慕延世大学的棒球服，同时也会嘲讽分数低的学校学生穿本校棒球服的样子。

2010年前后，印有学校名首字母的棒球服开始在大学周围流行起来，从这里也可以看出当今大学生的一些重要特征。很多学院都会在每年新生入学时组织定制一次"院系棒球服"，就像校服一样。

重视个性和时尚的年轻人，为何愿意穿这千篇一律的棒球服呢？他们可是最讨厌隶属于某个地方、最个人化的一代了。就在几年前，大学生还只是在一年都没有几次的集体活动或运动会上穿一穿同色T恤，可能只有体育专业的同学才会经常穿队衣之类的制服。学校的纪念品商店里也是，比起学校的"定制"，"常青藤盟校卫衣"更加受欢迎。才过了几年，大学棒球服就成了流行，仿佛成为展示一个人当下价值的道具。一位首尔大学的学生这样描述校园的变化：

> 三年间首尔大学校园里发生了巨大的变化……看到穿着印有学校名首字母夹克的学生穿梭在教学楼之间，感觉十分陌生，至少在几年前，"首尔大

学"这四个字还蕴含着踩着别人上位的愧疚意味，学生就算内心想要炫耀自己是学历竞争的获胜者，也会觉得穿着凸显首尔大学名字的衣服走在路上很尴尬。

不是因为同门之情重燃，也不是因为成员之间产生了连带感。这种现象和过去那种同门之间互相支持、互相帮助的学阀形态完全不同，他们凸显自己学校的名字完全出自想要区别于他人、排挤他人的欲望，所以在看到排名低的学校学生穿棒球服时，他们才会非常瞧不起。下面是某大学工商管理系论坛的帖子。

穿学校棒球服在首尔市内和自己家附近闲逛不太好吧？简直就像是在广而告之"我是什么大学什么专业哪一年级的"一样。看到公认的社会地位不高、水平泛泛的某些大学的学生，穿着印有自己大学校名的棒球服在市内大摇大摆，我很好奇他们到底是想要别人把自己看成"和那个大学水平一样的人"，还是根本什么想法都没有？

对于二十多岁的大学生来说，学校棒球服已经脱离了时尚的领域，成为一种身份概念。作为我研究对象的大学生中，有65%都表示，在学校之外看到学校棒球

"我们赞成差别对待"

服会"特意"确认其背后的大学校名，这也从侧面证明学校棒球服已然成为彰显身份的道具。实际上，各学校穿棒球服者的比例也因此有所不同，越有名的大学穿着比例就越高。排名低的学校学生穿棒球服常常会被嘲笑，所以他们去新村之类的繁华地带玩的时候，会提前把自己的棒球服脱下塞到包里；中途考试转来的学生，还会被冷嘲热讽"穿上我们学校的棒球服就以为自己是高考考进来的了"……下面是忠清地区某大学校报上的一篇文章。

> 最近看到不少学生开始穿学校棒球服了……但我发现，我们学校的棒球服上没有学校标志，不仅没有标志，甚至大部分学院连我们大学的名字"×××Uni."都不写……最大程度地淡化了在棒球服上展示所属学校的意图。大多数学校都会在棒球服背后写上大大的学校名，再用小一点的字体写院系名，可是我们学校的棒球服要么根本不写学校名字，要么就是院系名很大，学校名很小……因为我们自己先丧失了底气。

一个国家的社会歧视越严重，国民对奢侈品就越执着。因为如果随身携带昂贵的名牌包，至少可以避免关于经济状况的刻板印象带来的蔑视。于是出现了即使条件不允许，也要过度消费来实现自我满足的文化。因为他们都知道，当把自身的不足之处公之于众时，会遇到多少充满偏见的眼光。那些无法穿上学校棒球服的朋友，也知道当他们亮出自己学校的名字时，会被如何看待。

看到这里，如果你觉得上述的忠清地区的大学生会和比他们排名低的大学学生们团结起来说"我们一起推翻这个充满肮脏的学历歧视的世界吧"，那就太天真了。事实上，学历等级主义的结构如果没有每个成员的积极参与，是无法维持并扩大的。不是我不蔑视别人，别人就不会蔑视我；对他们来说，应该是自己遭到蔑视后，没有理由不去蔑视别人。

既是受害者，又是加害者

如今二十多岁的年轻人对学历等级化秩序的过度执着，显然与过去单纯的学历主义至上不同。过去韩国社会的学历主义，是通过特定权力发挥作用的学阀问题，首尔大学等少数名牌大学以学阀为基础垄断社会要职的严重问题至今依然存在。学阀的概念常与韩国社会集体文化的关键词——共同体性、亲缘主义等联系在一起，对以共同体性为基础存在的"过去式"学阀来说，隶属某个群体带来的积极效果存在于未来，因此，他们的一切行动都要以顺应该群体的规则为前提。只凭同门关系就能实现互帮互助，是因为该大学的大部分毕业生都能成功就业，因为没有必要视其为竞争者，所以才能与其成为肩并肩的同伴。

但是，如今的年轻人不会因为"毕业于同一所学校"就选择联手，"校友要互帮互助"在一切都要自己负责的自我开发时代意识固化的今天，已经是不合时宜的了——"我先活下来"才是首要目标。他们也没有帮助同门的余力，何况现在也不是凭学校名字就能轻松解决就业的时代了。因此，凭同门这一个条件就能聚集起来的学阀概念，就相对地淡化了。

即便如此，学历主义和学阀主义也不可能完全消失。虽然一个学校名字能起到的作用已经大不如前，但作为凸显自己的特别、"推挤"他人的战略还是十分有用的。这一战略很周密，并不是盲目的歧视，而是会拿出"客观上那个人能力不如我"的论据，实际上是在强烈主张学力（在此学力被扩大理解为全方面的能力）[14] 上的差异。正如上文的例子，他们不仅不会因为是同门就抱团（不是说抱团就是正确的），甚至在同一所学校内还要用"高考分数＝客观学力"的逻辑与他人划清界限。

过去，"学阀"一词蕴含着共同体的含义，而在这一点上，学历等级主义是相反的——以守护现有排名的方式，要求社会认同"学力客观差异"。尤其是在大学教育普及的今天，光是考上大学已经没有什么特别的了，所以大学生执着于守护自己所在位置的小小优势，蔑视哪怕只比自己低一点点的人，并且无法忍受地位被动摇。

在这里还有一点微妙的不同。过去在学阀主义的"炫耀"中，一般会产生这样的对比——首尔大学 vs 非首尔大学、名牌大学 vs 非名牌大学、"首尔圈"大学 vs 地方大学……在这里，学阀讨论的核心是名牌大学的学生，有批判性意味；但在用来"蔑视"的学历等级主义中，被关注的往往是排名更低的大学学生，问题从"谁在炫耀"变成了"谁被蔑视"。

其实从这个不同点里最能看出现在的二十多岁年轻人是以什么姿态生存于社会上——被蔑视的受害者有时也会成为蔑视的加害者，蔑视的连锁反应一直持续到最底层。对于被蔑视的一方是否就不会蔑视他人的问题，没有任何一个大学生群体能独善其身。

综上所述，现在大学生的思考方式是将高考分数的差距扩大理解为所有能力的差距。更讽刺的是，比起抗议处于"更高处"的学生蔑视自己，他们更倾向于去蔑视处于"更低处"的其他学生，蔑视他人的行为就这样逐渐被合理化了。我见过的大部分学生，不管是不是名牌大学的，都认为上述行为是正当的。

都说现在的社会是消费社会，在消费社会里，个人通过消费来体现自己的等级。[15] 如今二十多岁的年轻人因学历感到自卑或优越的样子，简直和为购买廉价品而

"我们赞成差别对待"

羞愧、为得到名牌而骄傲的现代人消费心理如出一辙。一名西江大学的学生吐露了他在高考分数带来的自卑感和优越感之间徘徊的心情。

> 首先，面试官会传看简历确认面试者的学校，神奇的是，如果和我一起面试的都是录取分数低的学校的学生，我就会变得很从容，面试的时候也很有自信，还能开一些幽默的玩笑。然而，有一次一起面试的都是首尔大学、延世大学、高丽大学的学生，只有我是西江大学的，我就开始变得焦虑紧张，想着如果失误了怎么办，结果最后真的面试失败了。

看上去这位学生的面试状态在从容和紧张之间转换得十分自然，但这其实根本不是他自控的结果——因为根据当下的情况产生什么样的感情，是早已训练好了的。他们知道什么情况下胆怯畏缩，什么情况下从容不迫，这充分说明了他们正处于一种被追赶的不安状态。

如果只是因骄傲而歧视他人，就应该止于炫耀，而他们在炫耀后，一定会对歧视对象进行排挤，只为拼死守护自己也不知何时会被推挤下去的位置。别说团结起来改变社会了，他们自己先陷入了无用的"蜗角之争"。盲目相信自我开发逻辑的二十多岁大学生被推上"蜗角之争"的战场，又不得不依附于这个战场，无法脱身。

想象一下蜗牛的两只触角互相争斗的场面吧，谁看了都会觉得索然无趣。人们经常为一些微不足道的利害关系争斗，实际上这些争斗大多是脱离了本质的消耗战。在这个充满问题的社会中，他们变得更幸福了吗？社会问题还在不断积累，不过徒增了牺牲者。个人靠着仅有的一丝希望，用冰冷的竞争法则把自己从头到脚武装起来，对本质的社会问题视而不见，站在蜗牛的角上，进行无谓的争斗。

更严重的问题是，这一现象正在无比自然地循环着。大学生Ａ遭到了录取分数线没比自己大学高几分的某大学学生的藐视，十分生气，为了稀释这种受害意识，Ａ觉得必须说明自己的情况是特殊的，于是他开始努力寻找大学毕业以后的出路。如果能找到一份让人羡慕的工作，就可以洗掉至今为止的屈辱和蔑视，所以他要努力提高学分、考各种资格证，积累所谓的履历，做着卧薪尝胆的梦。"我虽然现在上着这么个大学，但是我一定要找一个好工作，证明高考的分数不是我真正的实力！"就这样，他人的蔑视成了Ａ卧薪尝胆的兴奋剂，虽然这一动力的源头还是自卑感。

然而，只有Ａ在卧薪尝胆吗？ Ａ曾经蔑视的某个人也会同样地下定决心要打败Ａ。看到爬上来的其他人，Ａ的优越感又带来刺激，"我不能输给那个家伙！"在这种情况下每个人都想要绝对坚守自己的位置，无论如何

"我们赞成差别对待"

都不能掉下去。

就这样，所有人都为了克服蔑视（自卑感），维持蔑视（优越感）埋头努力地积累履历。这些履历是通过严格的自我控制式自我开发才能取得的东西，二十多岁年轻人自我开发循环的起点就在这里。这就是压得他们无法喘息、只能盯着前面一直跑的生存法则，也是他们不得不往前奔跑的理由。现实就是这么扭曲，在这个扭曲的社会里，二十多岁的大学生也正在成为扭曲的人。所以，对在歧视中活得很艰难的年轻人，我们不该再说"要想战胜那些委屈，一定要努力自我开发"这样的话，这样是绝对无法把他们从蜗牛的角上拽下来的。

未来还有希望吗?

据调查，97% 的大学生对"必须竞争"的事实感到有压力。[16] 但不是有句话说，人之所以和其他动物不同，是因为人会寻找意义吗? 二十多岁的年轻人也给这没有尽头的"必须竞争"赋予了意义，并努力坚持着。就像我们在第二章里看到的，无论自我开发多么令人痛苦，结果也得不到保障，但只要想着那是为了就业必须经历的过程，是在做好时间管理，他们就能积极地接受。他们感到压力，但并不反感，因为他们认为这是考验一个人努力和诚实与否的正当标准，所以"委屈的话学习就行了"。学历等级主义细分下的每级台阶之间，都要展开谁更好一点、谁更差一点的"蜗角之争"，没有人对背后更大的社会结构问题提出异议。

竞争是要拼上性命的战斗

要想让人们收回原本互相针对的视线，重新着眼于社会，不是一件容易的事。现在的二十多岁年轻人都是什么人啊？他们可是被称作"IMF世代"的人，幼年就经历了完全改变韩国人体质的IMF外汇危机[1]。他们从小目睹父亲被随时可能丢掉工作的恐惧压垮的样子，或者父亲直接被公司一刀裁掉的场面。二十多岁的他们看着这些长大，被灌输了只有赢家才能活下去的价值观，为了活下去，除"找到一份好工作"以外的其他梦想当然都要扼杀在摇篮里。

1998年6月，我迎来了入伍之后的第一次休假。然而，去首尔站坐车回家的我却看到了此生难忘的一幕。转过车站通道拐角的一瞬，我甚至不敢相信自己的眼睛——露宿者，全都是露宿者，横七竖八地躺在地上，人山人海，几乎比平时在车站看到的露宿者多了一百倍。我想，一定是发生什么大事了。然而，更让我惊讶的是

---

[1] 1997年11月，受亚洲金融危机影响，韩国外汇不足，向国际货币基金组织（IMF）申请资金支援。

"我们赞成差别对待"

在露宿者之间的狭窄缝隙中安静穿行的上班族们，他们竟然没有任何反应。不过，他们的脸上隐隐有一种悲壮之意，所有人都抱着"如果在竞争中被淘汰，我也会变成他们中一员"的觉悟，咬紧了牙关。

当时的那些人，成了现在二十多岁年轻人的父母和老师，幸存者将他们的觉悟放在了下一代身上，为了不让人生走向失败，要做的事很明确。他们殷切地向自己的孩子、学生传授在这个世上活下去的办法，这种时候，一个自身条件不好但是拼命努力、最后获得了物质或名誉上成功的有名人士的故事，就正好可以拿来做榜样了。所以，即使遭遇混乱的青年就业环境，他们也并不慌张，这个时候该怎么应对，父母和老师早已教过他们了。心中种下的失业阴影渐渐浮现，于是二十多岁的他们开始按照早已输入好的程序——自我开发，行动起来，就像他们从小就听过无数遍的那样，"竞争是要拼上性命的战斗"。

从幼年时期开始，他们就已经熟知通过排挤他人来消除不安的方式。"孤立"之所以成为一种集体文化，也是因为一些人害怕自己成为落伍者，而想把他人放在那个位置上；为了避免自己进入被蔑视的行列，通过参与蔑视他人的行列来消除不安。这和如今二十多岁年轻人采取的生存战略机制十分相似，而社会只是对他们惨烈的争斗冷眼旁观。

现在的大学就是"职业教育所"

　　未来也不是充满希望的原因，和变化的大学环境也有很大关系。现在韩国的大学致力于将年轻人培养成更完美的资本主义商品，大学逐渐企业化，甚至只根据就业率的高低来进行专业结构的调整，文体类专业首当其冲，连研究韩国人自己的语言和文化的国文系都难以幸免。斗山重工业会长兼中央大学理事长朴容晟在一所大学演讲时曾说过："'大学是素质教育的平台，是学问的殿堂'这种唬人的话已经过时了，要承认，现在的大学就是'职业教育所'。"这话虽然引起了很大争议，但确实存在这样的趋势。现在大学的目的是将学生培养成"训练有素的公司职员"，因为只有成为这样的大学，才有希望从企业手里拿到一栋楼。

　　就这样，各大学以工商管理专业为中心进行学制重组，缩减其他学系的规模，增加工商管理专业的学生名额，创建到了大学二年级就能自由选择的"自由专业"（名义上是可以选择任一专业，实际上被很多高考没考进工商管理系的人作为了迂回路线）也是为了培养更多工商管理专业的学生，所以工商管理专业学生的数量和过去十年相比成指数级增长也是必然的。工商管理原来只是隶属于商学院或政经学院的一个小专业，在 IMF 外汇危机之后得到全面支持，才升格为一个专门的学院。[17] 并且，因为社会更偏好工商管理专业的学生，学校的资源也会向这个院系倾斜，所以学生无论通过辅修还是转专业，都想进入工商管理系学习。甚至为了提高就业率，连哲学系的主任也会鼓励学生辅修一门工商管理。

根据对首尔某私立大学的调查，该校共设有 25 个专业，而全部在校生中，足有 19% 主修工商管理专业，占了全体学生的五分之一，其他专业的学生中也有 18% 辅修了工商管理专业；而从工商管理学院真实在学人数上看，全校 34% 的学生都在就读工商管理专业。不仅如此，其他专业还费尽心思地想要和工商管理"融合"，所以最近出现了很多陌生的专业名，比如"国际服务工商管理专业""数字媒体工商管理专业""金融保险不动产专业"等，甚至还出现了柏拉图和亚里士多德也会登场的"擅长市场营销的人文学 MBA"讲座。说好听一点是"融合"，其实是其他专业为了提高"工商管理式的效率性"，在向工商管理专业靠拢。

就这样，大学里工商管理相关专业的比重极速扩大，大学生也不得不被动频繁接触工商管理专业的学风。2010 年首尔大学开设的"人生与人文学"系列讲座中，有一位企业 CEO 曾这么评价人文学科的作用："在谈生意的场合一直讨论无聊的数字，不如让人文或艺术专业的职员来唱一首歌，效果会更好。"

现在的学生被"制造"成畅销的企业商品也毫无怨

言。他们在通过学分、托业、比赛、资格证等程式化的第一关之后，还要在自身原本独特的色彩上盖上统一的图案，根据企业的喜好编写自我介绍，费尽心思证明自己从小就具有适合该企业的"DNA"，甚至还会自掏腰包抢着参加企业可能会喜欢的志愿活动。就这样，大学生在具备商品性的层面上培养创意性，这种创意性不是真正自由的创意性，只是企业想要的那种创意性；这种挑战精神也不是真正的挑战精神，只是无论多困难也要执行公司方针和命令，"通宵加班！我可以！请吩咐！"

"自我剥削？我吃这么多苦只是给未来的投资，和结果无关，为什么会觉得不满、不公平？自己的人生全部献给企业，我就是我自己的CEO"——"自己经营管理自己"的企业家式人格就这样诞生了，这就是现在大学集中培养的理想年轻人范本。与个人意志无关，拥有企业家式的人格，将人生归结为"效率性概念"的二十多岁年轻人往后只会越来越多。自己真正想学习的东西，因为大学里不开设相关专业而学不到的情况也会越来越多。已经不难想象，未来的年轻人会有怎样标准的、千篇一律的性格。

工商管理的学风扩散问题比想象中更严重，它很可能会让自我开发时代残酷的学历等级主义更加恶化。工商管理，顾名思义是以学习企业逻辑为目的的专业，和以个人思考为基础对固定观念进行再解读的人文社会学

　　　　　　　　　　"我们赞成差别对待"

科相比，从源头上就受到了限制，像"独立思考""发挥想象力"这种词句，在这个专业里可以说是几乎不存在的。

事实上，全国所有大学工商管理专业的教学内容也几乎相同，为了培养企业喜好的标准人才，学校不得不进行"定制教育"。比如，如果财务会计这门课程每所学校、每个教授所教授的都不同的话，企业会很难办的。所以在工商管理专业，完全不需要独到的思想和见解。质疑的批判性思维是危险的，理解所给的命题并解决问题才是重要的。于是就形成了维持现有固定观念的最佳条件，这样的氛围也有利于强化自我开发时代造就的年轻人的特征。

如今，人文社会类的学科正在逐渐消亡，工商管理类学科正在国家的支援下不断壮大。所有大学正在逐渐"工商管理化"，所有大学生也开始以"经营管理式"的方式思考，这也是痛苦的年轻人，未来依然一片黑暗的另一个原因。

无能的 before 和华丽的 after

他们最终只能执着于自我开发这一个人手段，和如今整形成为必备的社会风气十分相似。电视上的整形节目，一些医生会找来因为外貌受到歧视的人，说要给他们做手术。他们不会从歧视他人外貌的加害者，以及纵容这些加害者的"外貌至上主义"上寻找问题的根源，而一味强调只要改变外貌痛苦就会消失，既然改变外貌能让痛苦消失，那么也就不能否认根源还是在于脸了。现在的整形，不再是真正有问题时才需要做的手术，而是在自我管理层面对未来某种危机的预防，在这样的背景下，所有普通人都变成了"潜在的患者"，整形市场自然得到了极大的增长。

2007年大火的《88万韩元世代》一书，让"88万韩元世代"一词流行起来，引起了关于二十多岁年轻人的世代讨论。可是，这本书本来想剖析的是使得二十多岁年轻人如此艰难的韩国社会结构问题，媒体却都把眼光放在了年轻人的艰难上，大肆渲染"是谁拯救了他们"，将"88万韩元世代"这一名称用作强调某些人（特别是政客）的道具。至于他们到底为什么变成了这样，没有人站出来负责。反正年轻人的无能已经是板上钉钉的事实，于是这种感叹又披上忠告、建议、安慰的外衣，成为上一辈对二十多岁年轻人的干涉，这即是后来自我开发书如雨后春笋般出现的背景。

二十多岁年轻人成为等待拯救的"88万韩元世代"的过程，和哲学家齐格蒙特·鲍曼提出的、以"无选择能力"为标志性特点的底层阶级在现代社会的产生过程十分相似。[18]简而言之，大众媒体通过人物纪录片和电视剧等节目，反复刻画可怜之人"无能"的样子，从而

　　　　　　"我们赞成差别对待"

让大众形成对他们的刻板印象。观者虽会同情地流下眼泪，但最终还是会形成"因为总是那个样子才会贫穷"的刻板印象。

在只强调惨淡现实的社会氛围中，二十多岁的年轻人并不会认为自己是结构的受害者，所以比起向某些人追责的"变革"，先活下去才是最重要的。他们以为自己做出了反抗，其实在外界看来都是预想之内的反抗，"我们要工作！"是开始，也是结束。

美国社会学学者米基·麦吉分析沉迷自我开发的现代人时，提到了"美国的变身文化"。媒体不断把白手起家的成功形象，以"苦难克服记"的风格进行再生产，无疑会诱导人们纷纷投入自我开发。所以麦吉认为，自我开发书里那些"全新的自我"或"现在的牺牲，未来的成功"等论调，和整形手术或减肥节目中摆脱丑陋的"before"，变身为华丽的"after"的过程十分相似。[19]

如今韩国二十多岁的年轻人也是如此，自我开发书给他们提供了如何从"无能的before"变成"华丽的after"的手册。实现了不可能的主人公，展示着他的事迹，激励大家谁都可以成功。所以他们坚信自己只是还处在变身之前的before，努力努力就一定会成为after。

一边听着"你们完蛋了，未来一片黑暗"的可怕警告，一边听着"没关系，按我们说的做就可以成功"的花言巧语，当"无能的现在"和"充满希望的未来"以无比具体又现实的姿态靠近时，二十多岁的年轻人很容易向着看似触手可及的目标，展开自我牺牲式的自我开发。目标是否能够真正实现不是问题，因为即便不能实现也是年轻人自己的责任，不管怎样，自我开发都能继续盛行。

就这样，他们无论如何也摆脱不了的、对学历等级主义的执着，也是原封不动按照自我开发的逻辑和公式行事的结果，讽刺的是，这结果又会成为他们寻求自我开发书的动力。在整个过程中，结构性的社会问题都完美地隐身了。

"我们赞成差别对待"

第四章

治愈劝导自我开发的社会吧!

出发点和过程公正，不代表结果也能实现公正。结果公正才能真正实现社会公正。假设做到了出发点和过程的公正，结果却是普通百姓一天努力工作八小时也无法维持三人家庭最低限度的生活，社会就应该弥补这些不足，真正在结果上也实现公正。

个人真的无法改变社会吗?

    如果社会能更好地保护个人的生活,想必就不会有
那么多人陷入自我开发的泥沼了,所以归根结底,问题
还是在于"劝导自我开发的社会"。但是,自我开发的
价值观已经成为大众趋势,就算提出这个问题,得到的
回答也只会是"世界本来就是这样的"。

    诚实的劳动者被一刀裁员,非正式员工无法享受同
工同酬,很多劳动者拿不到基本的最低时薪,个体经营
者对大公司的欺压束手无策……即便如此,他们也只会
觉得世上本来就是这样的,不会质疑。就像他们对 KTX
员工转正要求的冷淡反应,对"龙山事件"的牺牲者同
情但不赞成的态度,一切都是平时没有做好自我开发准
备的当事人自己的错。社会本来就是这样的地方,是充满
激烈角逐、每个人都要自力更生活下去的世界,二十多
岁的年轻人正在这个阴森的竞争体系中不断溃烂下去。

这种时候，为了治愈这样的世界应运而生的就是所谓的"治愈谈"。最有代表性的治愈书籍之一《停下来，才能看到的事》里，写着"不要什么事都怪到这个世界头上""遭到打击时聪明的人知道屈服""只要先低下头就不会有冲突""遭到辱骂时先放低自己的姿态"等话语。就像社会学学者提出的"疲劳社会"概念，这个社会正在从结构上消耗着每个人的能量；然而，这本书想表达的是，只有停止对社会结构的不满才能看清自身的不足，才能看到在这个竞争社会中被人喜爱的秘诀——这种"治愈"不是在治愈社会疲劳造成的痛苦，而是在教人不把痛苦当作痛苦。当然，社会结构一直不会变，最终疯狂迷上这种治愈书的就只有企业老板和职员了吧。[20]

在这个一切都被归结为自我责任的世上，个人除了投身于战斗式的自我开发别无选择。然而，选拔人数是固定的，群体努力的增加并不会让针眼大小的上升机会变大，只会不断刷新落伍者平均能力的最高值，结果就是大量人才被迫成为"剩余"人员。并且在这个超负荷的社会中，没有被选择的"相对剥夺感"也比过去更强了。这种"相对剥夺感"带来的不安让人们变得更加自私无情，甚至产生了我过得艰难，所以也要让别人过得艰难的"痛苦平均化"逻辑。他们也许认为，既然我爬不上去，别人也爬不上去才算公平？所以他们开始相互

"我们赞成差别对待"

排挤，为了自己能爬上去，也为了不让别人爬上去，结果就产生了很多受伤、脱离队伍的"有能力的失败者"。受挫的人越多，治愈书就越受欢迎，竞争社会的野蛮性也在不知不觉间披上了"合理"的外衣。

但是标榜"只要努力就能成功"的自我开发并不能真正带来成功，在挫折中遭受的痛苦也不能被治愈书真正治愈。所以我们现在应该做的，是治愈劝导自我开发的社会本身。

在讨论如何做之前，需要先清除一个障碍，那就是一提起影响个人成功与失败的社会结构问题，就随之而来的偏见。"只会抱怨环境""没有真正努力过的人都那么说"，这些话多么耳熟啊。白手起家的代表人物、韩国前总统李明博对青年失业这一社会问题的看法就是代表性的例子。

> 一边责怪着环境，一边缩在角落里等着安逸的工作从天上掉下来，这终究不是解决办法……不是只有在冬暖夏凉的办公室里得到的经验才叫经验，在现场汗流浃背头苦干得到的经验才更有价值……我第一次被分配到的工作地点，是一处环境恶劣的丛林里的建筑工地，无法用语言来形容当时的辛苦程度……然而，之后每当遇到难关时，这段经历总会给我很大的帮助。[21]

这样的观点当然不是前总统李明博才有，除了念叨着"我们那时候更辛苦"的上一辈人，上文提到的"飞鹰五兄弟"，以及他们代表的二十多岁年轻人，也都是同样的看法。而且这些年轻人，还生活在只宣扬"积极"与"希望"的世界里——《因为痛，所以是青春》卖出三百多万册，《停下来，才能看到的事》卖出二百多万册，大学里到处都能看到宣传某著名导师讲座的条幅，内容用一句话概括都是"即使艰难也不要放弃"。一边告诉年轻人无论在什么情况下都不能放弃，把他们逼到绝境之中，一边强调那些战胜了困难的个别情况——这样的社会不仅谈不上公平，还让人难以发现它的问题。

当然，在积极与希望的背后，可能也潜藏着惨痛挫折催生的失败主义倾向。"那样就能改变世界了吗？世界本来就是这样的，都说了社会是无能为力的！既然无法改变，我要是只知道抱怨环境，不是我自己的损失吗？有那个时间，别人都超过我了！"是的，也许比起改变世界，改变自己才是更有效率也更有利的办法。但是请不要忘了，人类是在改变世界的过程中不断进步的。在这里，我有一些个人经验想分享给大家。

韩国军队有一个纪念入伍一百天的慰劳休假。原本这一天会举行盛大的新兵训练所退所仪式，把父母都请来，后来这一仪式因IMF外汇危机取消，用休假代替了。1998年2月入伍的我成了这一制度的第一批受惠者，休假回家的那天，父母可能太担心还只是二等兵的儿子，就给我带了很多吃的，让我和前辈们一起分享，希望他们能对我有个好印象，前辈们也都很高兴。

然而，自我以后，休假回来的人双手提的东西越来越沉重了。最开始是零食，然后是年糕，后来甚至有人带了能足足喂饱整个内务班的排骨。但没有人对此感到奇怪，这逐渐成为理所当然的惯例。后来有一天，这个惯例在一个后辈带来了二十多盘比萨之后，终于停止了。那天晚上，班长把全员召集起来，发出了警告："从今天开始，休假的人不要再带吃的回来了，也许大家都觉得带吃的回来是应当的，但这对某些家庭来说很可能是负担。再这样下去，本来对年糕也心存感激的我们，也许会因为对比而产生'哎，就带了这啊'的想法，所以还是到此为止吧！"就这样，休假归来之人的"进贡战争"终于停火了。

之所以突然提起这个故事，是因为大家总认为社会问题是个人无能为力的。既然大家都同意年轻人现在的困境就是社会的问题，那为什么给他们的建议，都如出一辙地把个人无法改变社会这一点作为前提呢？他们从自我开发中得到的最终答案都是"我无法改变社会，所以先从战胜自己开始吧！"就算年轻人是二等兵一样的弱者，只能随波逐流，但是，他们的上一辈完全没有这种烦恼吧？现在上一辈给出的建议，就像在对苦恼买不起二十盘比萨的二等兵说："因为苦恼，你才是二等兵，买来二十盘比萨，你就能成为一等兵！"

女性参政，义务教育，关爱残障人士，反对种族歧视——这些变化难道不都是始于敢于直面当下社会问题的某些人的努力吗？在发现问题却不知如何解决的时候，人们一般都会习惯性地认为原来的道路才是正确的，这只是一种错觉。当这种错觉被打破，社会也将带着成员们向更好的方向发展，社会就是这样因"个人"而变化的。

想象一下，自我开发书会对那些有不良惯例的部队二等兵说什么呢？可能会告诉他们前辈们喜欢的"美食目录"；如果有人对这种文化不满，就告诉他们"你只要想着你一个人的奉献可以让很多人吃到美食就可以了"……这样活着算是在这个世上取得了成功吗？这样的成功真的有意义吗？是时候该好好地思考一下了。

"是的，我有同感，我也理解，所以，到底是想让我们怎么做呢？放弃自我开发就能解决什么吗？"

我相信看到这里的很多人脑海中都有这个疑问，这也是我在研究过程中，以及教授相关课程时听过最多次的问题。有趣的是，在提出这个问题之前，很多人就已经能在一定程度上认识到劝导自我开发的社会的危害，也能意识到自己是其中的受害者之一——然而，也就到这里了，他们不会有更多的关注，他们会直接问："所

"我们赞成差别对待"

以解决办法是什么?"好吧,在给这本书收尾的同时,我还是要给出问题的答案。

首先,在讨论某个社会问题时询问"所以对策是什么",其实会阻碍问题本身的提出。如果按照自我开发书强调的高效时间管理法,尽量忠实于现有规则,对个人才是最有益的。改变社会是一件困难又充满不确定的事,把自己宝贵的时间浪费在不知道会不会成功的事上是很大的损失。所以在自我开发盛行的社会上,如果没有切实的对策,不提出问题的状态才是常态。从这个意义上来说,本书提出的解决办法,只是在努力消除让年轻人无法产生共情的因素。干扰共情的因素消失了,就可以通过到现在为止出现的问题,反思如何创建一个健康的社会。与其笼统地提出"联合起来改变世界"的抽象对策,不如回过头仔细想想,我们为什么要齐心协力思考对策?真正想明白这一点,才是改变劝导自我开发的社会的根本之策。为此,我们必须彻底地检验出自我开发本身的错误之处,发现那些乍一看没有说错的地方。要想减少自我开发逻辑带来的危害,首先要打破自我开发的神话。

《因为痛，所以是青春》忽略了什么？

畅销书《因为痛，所以是青春》是一本向大学生们传达积极与希望的书，作者金兰都教授还凭借这本畅销书得到了一个头衔——"疼痛青春的导师"。但是，"青春是疼痛的所以要忍耐"在有付出有收获的社会才有意义，不是吗？现在年轻人所处的社会结构真的能保障"努力＝果实"吗？如若不能，还让人盲目地忍耐，那和骗局有什么区别？

你问我的主张有什么根据？看看现在数百万找不到工作的毕业生就知道了，他们都经历了漫长的磨炼，却没有收获任何果实。我并不认为是他们个人不够努力，只要稍微了解一下他们的处境，就说不出来"因为不够努力才变成无业游民"这种话。

《因为痛，所以是青春》中有一个章节，叫"现在不要开始理财"，写了一个喜剧演员的故事，大意是说，从新人时期开始就理财的喜剧演员最后没有能成功的。理由是，一旦对存钱有了强迫观念，就会执着于攒下每一笔小钱，每天都在找有什么表演活动可以赚钱，以至于没有时间去思考未来规划和作为喜剧演员必需的创意，所以金兰都教授建议"对于新人喜剧演员来说，练习和创意比攒钱更重要"，"与其用那些小钱去理财，不如都花光"。

"我们赞成差别对待"

可是，对那些为了"小钱"送比萨，却因恶劣的工作条件不幸去世的年轻人，能说这些话吗？对因为助学贷款从大学开始就债台高筑的无数年轻人，能忍心说出"想要实现梦想，就要有几年内毫无收入的觉悟"这样的话吗？贫穷不只是单纯物质上的缺乏，所以更不是单纯的情感安慰就能解决的。鲍曼曾说过："贫穷意味着被排除在'正常生活'之外，意味着'达不到标准'，从而导致自尊心受到打击，产生羞愧感和负罪感；贫穷也意味着与既定社会的'幸福生活'无缘，无法享受'生活的馈赠'。"

无数大学生为了凑够学费，把学习的几倍时间用于兼职打工，他们的住处也不安稳，为了找便宜房子筋疲力尽。他们当然也知道少工作 点就能多学习一点，但是现实让他们不得不工作得更多，学习得更少，最终变成了"越学越穷，越穷越学不好"的恶性循环。他们中没有人是因为不想思考有创意的点子，才陷入金兰都教授担心的"只看得到眼前"的生活里的。我想如果他能理解一点大学生不得不如此艰难生活的社会现实，就不会给予他们那些无法实现的希望了。

《因为痛，所以是青春》是一本很坦诚的书，很好地表达了作者与学生的苦恼。但是那又如何呢？那是优秀的首尔大学教授和优秀的首尔大学学生的苦恼。作者很认真地表示，他曾苦恼要不要在三十四岁的时候去首尔大学当教授，他成为教授以后，学生来找他表示苦恼要不要去联合国工作。最终，作者只是把身为首尔大学教授的自己和首尔大学学生见面谈话的经验统称为"因为痛，所以叫青春"而已。然而，这样的故事已经很难再让韩国现在的年轻人代入了，这本书里所说的希望是只属于"首尔大学"的希望。

我们来看看为什么金兰都教授对首尔大学学生的建议不适用于一般大学生。根据对首尔大学新生父亲职业的调查，文职、强专业性职业、经营管理类职业占总体的65%，非熟练工人只占0.9%。[22] 母亲职业占比也是按"大学及以上学历全职主妇""大学及以上学历公司职员""高中及以下学历全职主妇""高中及以下学历公司职员"的顺序排列的。[23] 由此可见，大多数首尔大学的学生是在父母高学历且无须都工作的环境下成长起来的。换句话说，他们都是天之骄子。

我们再看，2011年的一则报道显示，当年考上首尔大学的学生最多的前20所高中里，只有3所普通高中。[24] 首尔共有25个区，而考上首尔大学的首尔一般高中学生中，光是江南、瑞草、松坡这三区的学生就占了70%。[1]《房地产阶级社会》的作者孙洛龟也曾证明，

---

[1] 2013年，考上首尔大学的首尔一般高中学生共有187名，其中的70%，也就是131名来自江南区、瑞草区、松坡区，2011年的占比则为43%。这3个区的学生占43%，这一数据再一次让笔者感到震惊。（数据来源：《朝鲜日报》2013年11月19日刊）——原书注

考入首尔大学的考生比例与当地房价呈正相关关系。

当然，不是父亲赚的钱多，孩子学习就好，反过来山里也能飞出凤凰，只是现在这种可能性已经变得很低很低了。

韩国大学的等级不仅按照高考分数区分，也根据经济指标产生分化，不是只有首尔大学存在这个问题。对比各大学公布的学费贷款情况可知，在首尔地区 23 所代表大学中，贷款学生占全体学生的平均比例为 14.5%，而首尔大学和延世大学只有 5%，排名后几位的大学与排名前几位的大学相比，贷款学生的平均比例足足高出了 11%。

从下表可以看出，大学排名与贷款学生的比例完全成正相关关系。这告诉了我们一个难以否认的事实：家里越有钱的人上的大学排名越靠前，家里越困难的人上的大学排名越低。贷款越多，生活也就越困难，形成了可悲的恶性循环。

表 7　首尔地区代表大学贷款学生比例（2010 年第 1 学期）

出处：www.academyinfo.go.kr

大学（女大除外）	贷款比例（百分比）	平均值（百分比）
首尔大学	5.5	
延世大学	5.3	7.9
高丽大学	10.5	
西江大学	10.4	

大学（女大除外）	贷款比例（百分比）	平均值（百分比）
成均馆大学	11.0	12.0
汉阳大学	11.4	
中央大学	13.5	
庆熙大学	11.3	
韩国外国语大学	13.0	
东国大学	15.1	15.6
建国大学	8.6	
弘益大学	14.0	
国民大学	19.1	
崇实大学	16.1	
世宗大学	18.2	
檀国大学	18.2	
光云大学	15.4	18.9
明知大学	19.5	
祥明大学	18.2	
天主教大学	18.4	
汉城大学	19.6	
西京大学	19.4	
三育大学	21.5	
平均	14.5	
梨花女子大学	10.0	11.4
淑明女子大学	12.7	
诚信女子大学	17.0	17.4
首尔女子大学	16.7	
同德女子大学	19.3	
德成女子大学	16.5	
平均	15.4	

　　　　　　　　"我们赞成差别对待"

拖欠偿还学费贷款的比例也是一样的顺序，随机抽取比较了几所学校因未按时还款而成为信用不良者的学生比例，结果从低到高排序为 0.6%、1.2%、1.8%、2.1%、2.7%，这里最低的 0.6% 是首尔大学，最高的 2.7% 是世宗大学，中间几所学校的顺序也和它们的大学排名完全一致。[25]

　　现在，财富的"代代相传"已经成为显而易见的现实。考入排名前十的大学的学生中，来自收入处于底层 10%（最低生活保障对象或家庭月平均收入低于 76 万韩元）的家庭的子女只占 8.7%，低于他们在全体四年制大学学生中的占比（12.9%）。[26] 也是，在这个穷人连学费都交不起的社会，这可能也是必然的结果。2010 年，私立大学的平均学费为每年 754 万韩元，超过了当年最低收入群体年收入（1498.0944 万韩元）的 50%，也就是说他们一年赚的钱至少要存起来一半才能供孩子上大学；而对于高收入群体（1.01656256 亿韩元）来说，学费只占收入的 7.4%。[27]

　　综合以上事实，"在如今的韩国社会中，富裕家庭的孩子学习也更好，这是我们无法否认的事实。父母的社会经济地位越高，子女的学业成绩越好，反之父母地位越低，子女成绩越差，这一结论已经被多个调查和研究证实，也与国外众多的研究结果一致"。[28] 并且，近来这种差异呈现出越来越明显的趋势，学历靠父母的世界要来了。

如果没有考虑这些结构性的不平等，如何能真正安慰到二十多岁的年轻人呢？虽然人生就像马拉松，每个人都跑得很艰难，可是有人连鞋子都没有光着脚跑，有人背着三十多公斤的负重跑，有的人却有人帮忙替跑，这些人感受到的艰难能一样吗？金兰都教授将人生比喻为二十四小时，安慰二十多岁的年轻人现在只不过是"一日之晨"；然而用马拉松来比喻的话，他们在比赛刚开始的时候就已经被先头部队甩在后面了，那些安慰对几乎没有获胜机会的现实视而不见。[29]

有学费贷款业务的贷款企业也会给大学排名，然后据此决定不同的还款利率。同样借钱，也会因为学校排名低而要多付利息，长此以往，谁落后的可能性更大？答案显而易见，因此这也绝对算不上公平的竞争。对于金兰都教授在无视现实的情况下给出的建议是多么空洞，一位大学生如此说道：

> 他的建议只对那些不受困于当下，有闲暇考虑未来的人有用，对每一天都勉强生活的年轻人来说是空洞的……对从大学开始就已经背了一屁股债的他们说"不要急于就业"？对为了还债必须马上就业的他们说"总有你绽放的季节"？……要知道，现在的年轻人想尽快就业不是因为得了急躁症，而

是现实的情况让他们不得不尽快就业。[29]

金兰都教授在书中写道，"渴望往往伴随着疼痛，疼痛来自为未来的梦想而放弃当下的快乐"，即使现在感到很艰难、很痛苦，但"你总有一天会绽放"。这一逻辑和我们现在为止所看到的、自我控制式的自我开发的逻辑核心是一样的——为了实现目标，要牺牲当下，这样总有成功的一天，所以"青春"疼痛也要忍耐，要心怀希望积极地活下去。

"苦尽甘来"本是一件很好的事情，问题在于把这件对于二十多岁的年轻人来说并不普遍的事情，说得好像十分普遍。人生的一切结果都要自己承担的逻辑，最终让二十多岁的年轻人变成了什么样子，我们不是已经看到了吗——那些对 KTX 女乘务员抗议、双龙汽车工人罢工、时间制讲师自杀、校内清洁工人不当解雇等社会问题无情的态度，还有无视、蔑视、歧视同辈大学生的冰冷的视线。

重新思考公平性

以《因为痛，所以是青春》为代表的自我开发书忽视的那些社会现实，其实也不是什么新鲜的话题了，活在这个社会上总能多多少少地接触到。尽管如此，人们对自我开发书的故事也没有产生怀疑，这是为什么呢？答案就在于对"能力主义"的坚信。一路马不停蹄，跨越千辛万苦跑来的年轻人，对"青春本来就是疼痛的"这种让人丧气的话也能感到巨大共鸣，原因就是他们极度认同支撑着自我开发世界观的"能力主义"。

所谓"能力主义"，就是只要自己努力就能获得能力，社会则会根据能力给予不同的待遇。谁会质疑这一点呢？世上还有比这更客观更公平的情况吗？所以对现状不满反而是自相矛盾的。对这种公平性的信任牢牢地占据着二十多岁年轻人思考的空间——"用自己的能力来获得回报，有什么问题？"

乍一看好像很合理，然而，这里有一个需要首先满足的条件，那就是普遍的公平。对个人行为的奖惩应该在绝对正当的情况下进行，这样个人才会有忍耐与坚持的意义。上次韩国总统大选时，一名候选人的口号曾引起了很大的反响："机会要平等，过程要公正，结果要正义！"也就是说，每个人得到的机会应该是平等的，竞争的过程应该是公正的，在此状态下，结果的差别化分配才能算是正义的。

如果没有遵守这三个前提，就要求我们毫无异议地接受结果、忍耐和坚持，那简直就是在明目张胆地进行社会歧视，这样的社会绝对不可能成为一个公平的社会。

"我们赞成差别对待"

那现在我们的现实是什么样的呢？机会平等，过程公正，结果正义，大家只要努力就可以了吗？让我们来仔细地分析一下。

支撑能力主义的第一个条件就是机会均等。当所有的竞争参与者都被赋予同样的机会时（例如所有百米赛跑者都在起跑线做准备），其结果及由此产生的差别回报才可能经由能力主义四个字正当化。

在权衡机会均等的领域中，教育问题一直以来都是举足轻重的。进入工业化社会，教育成为个人身份上升与维持的必要条件，于是机会均等的重点就放在了"教育机会"的公平上。如果没有接受教育的机会，就相当于无法站在起跑线上，这必然会引起极大的社会不满。因此国家努力扩大义务教育的规模，创造人人都可以接受教育的条件，让每个人都至少拥有参加赛跑的资格。

作为可以决定一个人社会阶层的最大变数，大学教育在韩国社会曾是一个特别重要的问题。但是，在绝大多数二十多岁年轻人都能上大学的今天，也就相对较少地提及教育机会的均等问题了。现在反而有很多人一边享受着大学的好处，一边还有诸多不满（我也试着假装自我开发书的语气）。很多韩国的父母没上过大学，不想自己遭到的歧视再次发生在子女身上，所以无论如何都想把孩子送进大学，这种心情我十分理解。但是，现在这个时代，即使接受大学教育也很难实现公平的竞争。

数百万毕业生成为无业游民，就证明了如果不具备大学教育以外的某些其他条件，是很难实现就业的。企业要求的各种资格与条件，如果没有相当的投资，就无法轻易变成自己的东西，衡量公平竞争的条件更加复杂多变了。

举个例子，近年大学生为了提高英语水平，托业辅导几乎已经成为必修课，还有不少人去参加外语研修。韩国职业能力开发院对 2009 年—2010 年毕业的 14349 名大学生进行调查，发表《父母的收入阶层与子女的就业履历报告书》，其中显示：有外语研修经历的人被大企业录取的概率会增加 49%，但当父母月收入不满 200 万韩元时，子女参加外语研修概率只有 10%；而当月收入超过 700 万韩元时，概率会提高到 32%。有无参与研修的子女平均托业分数，呈现出 676 分和 804 分的巨大差异；同时，托业分数每提高 10 分，被大企业录取的概率就会高 3%。[30]

不止英语是这样，最近还流行起传授面试和发言技巧的面试演讲辅导班。志愿活动和获奖经历也是企业很重视的部分，有的年轻人为了准备学费和生活费，没时间参加这样的活动，自然就会被淘汰。甚至还有企业开展红酒面试，以此评估求职者平时接受了多少"文化资本"的熏陶，而这对一辈子都没有机会喝一次红酒的群体来说就很不利了。并且，不知从什么时候开始，整形

　　　　　　　　　"我们赞成差别对待"

也成了就业必备。据说有94%的人事负责人在招聘时都会考虑外貌，又有谁敢不注重外貌管理呢？

所以，现在的问题已经不再只是"是否有接受大学教育的经济实力"的问题了。大学学费本就高昂，外语研修和为了取得各种资格证的课外教育，以及培养可以接触高级文化的爱好等，都取决于父母的经济实力。如果仍然只评价结果，对他们说"机会是公平的，只是你们不够努力"，就没道理了。二十多岁的年轻人投身于盲目的履历积累，然而履历竞争最终还是家庭越富有的孩子越有优势。

表8 准备就业的学生积累履历的理由

出处：infographics.kr

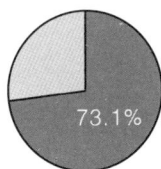

没有进行系统性就业
准备的学生占比

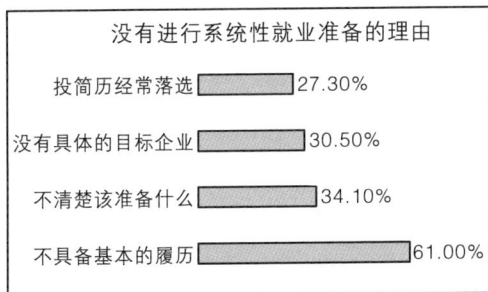

73.1%

没有进行系统性就业准备的理由	
投简历经常落选	27.30%
没有具体的目标企业	30.50%
不清楚该准备什么	34.10%
不具备基本的履历	61.00%

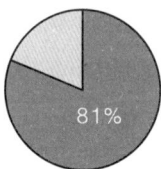

虽然认为某些履历不必要，也会准备和争取的学生占比

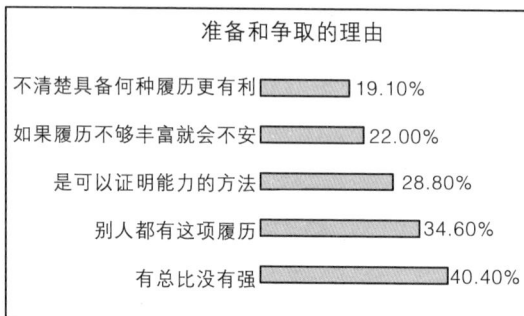

81%

准备和争取的理由

不清楚具备何种履历更有利 ▨ 19.10%

如果履历不够丰富就会不安 ▨ 22.00%

是可以证明能力的方法 ▨ 28.80%

别人都有这项履历 ▨ 34.60%

有总比没有强 ▨ 40.40%

金爱烂作家的小说《过子午线》里的主人公雅英，经过复读考入了首尔一所私立大学，四年内学习成绩一直很优异，托业也达到了900分以上。然而，在就业失败的第三十次后她问自己："难道我还没有成为真正的怪物吗？"其实雅英知道"问题不在于自我介绍写得好与坏，而在于人生本来的样子如何"，社会称这样的人生为履历。当然，想要一张漂亮的履历需要很多"钱"，那么钱从何而来呢？雅英为了赚学费就几乎耗尽了所有心力，大学的全部课余生活都是辅导班兼职，待遇再低也不得不坚持，这反映的就是韩国社会的现实。所以雅英想："到底生活有哪里好转了呢？"对着这样的雅英，怎么能说出"谁都很辛苦"这样的话呢？是，每个人都

"我们赞成差别对待"

辛苦，但总有些人更辛苦。社会应当看清这不公平的辛苦，如果对造成这种差异的机会不均等视若无睹，就会不断有人陷入挫折的泥潭。

我在大学里也曾多次接触获得的机会天差地别的学生。我在社会学课上让学生以"影响我的事"为主题写文章，那些所谓的名牌大学和其他大学学生的文章中出现的关键词截然不同。比如，很多名牌大学的学生都会提到"在外国生活""因为父亲在大企业工作""因为从小经常去国外旅行"等美好的童年记忆；而提到"因为是低保户""外汇危机之后父亲失业了""经常见不到去工作的妈妈"等灰暗记忆的学生要少得多。这样还能说二十多岁年轻人的竞争是公平的吗？

迈克尔·桑德尔[1]曾在自己享誉世界的讲座中讨论了有关机会均等的根本问题，即能力主义的根基。在哈佛大学的教室里，一名男学生提出了问题："为什么只让下级阶层受惠的政策是正当的？我认为根据能力来给予回报才是正当的。"一名女学生反问："你是在假定所有人都能在同一条起跑线上出发吗？我并不认为只要努力，所有人都能考上哈佛。"这时，桑德尔教授说："在以能力为主的社会里，即使机会是公平的，也有人得益于天生的才能，领先别人或得到更多的奖励。努力

---

[1] 迈克尔·桑德尔（Michael Sandel，1953— ），美国艺术与科学学院院士，当代西方社群主义、新共和主义代表人物之一。

和职业道德也在很大程度上受家庭环境影响，而家庭环境不是我们努力就可以改变的。有心理学者曾提出，长幼顺序的不同，兄弟姐妹的职业道德和努力程度也会有差异。我们来验证一下吧，是家中长子或长女的学生请举手！"大多数学生都举起了手，这场论战的结果也就不言自明了。桑德尔教授最后说："我其实也是家中长子，刚才提问的男学生也举手了吧？"

这个故事在他的《公正：该如何做是好》一书中也出现过，它很好地说明了我们通常所认为的"正当的结果"，其实有很大程度受到自己之外的因素影响。我们常常认为，一个人的能力和意志是那个人自己的东西，但正如桑德尔所说，事实并非如此。出生的顺序会对成功与否产生很大的影响，出生于更好家庭的人成功的概率显然也更高。作为长子长女出生，或出生在一个好的家庭，不是靠努力就能做到的事。当然，有一个"好爸爸"不是罪，如果否定了依靠这些可以学习更优异的事实，一味地强调"能力主义"，那么没有"好爸爸"的人又做错了什么呢？

即使表面上看起跑线是一致的，机会在不同的情况和条件下也可能无法均等。学习的动机会因家庭结构的不同产生差异，甚至父母的读书习惯也会影响子女的学习成绩；如果家里因为经济状况变差而氛围不好，子女的心理也会产生不安，进而影响学习成绩；追求目标的

　　　　　　　　"我们赞成差别对待"

信念也是——抱着"我可以做到"的希望的选手和不得不活在"我能做到吗"的恐惧中的选手，即使站在同一条起跑线上，也绝不处于同等的状态。积极与希望不是自己下定决心就能拥有的东西。

很多资料都可以证明，希望不属于个人意志可以控制的领域。分析了首尔地区 56 所小学、中学和高中的 37258 名在校生未来理想的《收入不同，梦想也不同：不同收入与不同学校的理想调查报告》显示：在外国语高中[1]，把高收入的强专业性职业作为理想的学生占比高达 76%，而职业高中只有 3%；反之，把中下层职业作为理想的外国语高中学生占比只有 11%，而职业高中达到了 79%。[31]

这种差异和父亲的职业也有着密切的关系。调查了首尔地区 6 所外国语高中（2216 名）、6 所普通高中（2885 名）、5 所职业高中（1577 名）的《外国语高中与独立私立高中学生父母职业分析报告》显示：外国语高中学生父亲的职业为强专业性职业或经营管理职业的情况占比达到 45%，而职业高中连 4% 都不到；反之父亲为技术岗或非熟练工人的情况在外国语高中只有 1%，在职业高中则达到 37%。[32] 一句话总结就是，只凭"一腔热血"是看不到希望的，有钱才行。

---

[1] 在韩国属于高升学率重点高中，学费高昂。

大邱 MBC 电视台曾做过一档叫《说教育》的节目，调查了富人区与穷人区小学的六年级学生，向我们展示了不同阶层孩子的理想会有什么样的差异。

表9　分别面向富人区与穷人区小学
六年级学生的问卷调查结果

一级分类	二级分类	A 小学	B 小学
父亲相关	大学以上学历	86%	33%
	强专业性职业/高级公务员	34.9%	3.6%
课外教育	接受课外教育门数	3 门—4 门	1 门
	小学前开始学习英语	43.4%	8.2%
	为学习英语去国外旅行	20.9%	1.8%
理想职业	强专业性职业/高级公务员	47%	15%
	最多学生选择	医生	教师
	只在对应学校出现	联合国秘书长、机器人工程师、外交官、律师、管理咨询顾问、汽车设计师、大企业 CEO 等	面包师、厨师、美甲师、拳击运动员、驯兽师、饲养员、跆拳道教练等
理想大学	海外大学	7.6%	0%
	首尔地区大学	27.9%	6.4%

　　　　　　　　　　　　"我们赞成差别对待"

父亲的学历决定父亲的收入，父亲的收入决定子女接受什么样的教育，子女的梦想也就由此产生。一名中学老师的自述也说明了，那些个人无法改变的社会因素，其实与"个人的希望"有着密切的联系。

> 我留了一个暑期作业，让孩子们去现场体验自己将来想从事的职业，写成报告。一个班里 35 名学生，只有 4 名交了作业，这 4 个孩子都住在来美安[1]。所以父母有闲暇帮孩子做这种不算成绩的作业，孩子们甚至把只有 5 页的报告装订成册交了上来。他们体验的职业不是医生就是律师，因为父亲就从事那个职业，所以可以轻易地去到现场。别的学生们呢？首先他们没有这样的梦想，其次没有会帮忙做这种不算成绩的作业的父母，最重要的是，他们没有接触到那些职业现场的途径。[33]

有人说，穷人不会连做梦都是穷的，可是现实却并非如此。只是站在同一条起跑线上，不能算是真正的机会均等；相信自己什么都能做到的那种"信念"，也不是谁都能轻易拥有的东西。

"有人在对手打了两个好球的状态下开始人生，有

---

[1] 韩国的高端公寓地产品牌。

人就出生在三垒，还觉得是靠自己打出来的。"[34] 身在三垒的人，因为本垒就在眼前，所以能轻易地产生跑回本垒的希望；但是，对手已经打了两个好球的话，就很难再抱有希望了，甚至还有可能因为心理压力被三振出局。这样的情况能说是公平的吗？在这种情况下，让所有人都怀抱希望、努力奋斗是正确的吗？希望不是强加给个人的东西，而是通过解决社会矛盾自然产生的。社会如果实现了真正的公平，自然会到处充满希望，到那时，机会的均等才不再是空谈。

在民主主义社会逐渐步入正轨的途中，过程的公正性意味着"不犯规"。例如，百米赛跑中每个人都是独立参赛，如果抢跑或妨碍别人就会被取消资格。能力主义要想得到认可，竞争过程的公正性必须得到参与者承认。一直以来，韩国社会的血缘、学缘、地缘都是破坏过程公正性的代表性因素：因为有血缘关系所以拉一把，因为是同门所以提供便利的信息，甚至仅仅因为不是同乡而悄悄给他人的跑道设置障碍……种种问题至今仍未解决。

但是，自我开发书会让人产生一种错觉，它会跳过社会上无数的犯规与障碍，把社会按照公正规则运转作为前提。自我开发书让人自省、努力生活的动力就来源于此，因为读者看到了有人处在和自己一样的状况下也能成功的案例。比如，和自己一样地方大学出身的主人

　　　　　　　　　　　"我们赞成差别对待"

公最终实现了很大的成就，一直以来阻挡在自己面前的"地方大学"这一社会烙印仿佛不再存在，也无法再找任何借口，于是只能承认"学历歧视已经消失了"的说法，竞争的过程也因此实现了所谓的"公正"。

还有一个关于身体歧视的例子，可以让我们更清晰地看到过程的公正性并不是一个简单的问题。据调查，身高每高 1 厘米，平均年薪就会增加 1.5%（大约 40 万韩元）。[1] 然而世上有哪个 CEO 会根据身高来加薪和升职呢？如果这样的话岂不是公然违反了"过程的公正性"？但是 CEO 们会这么说："我是根据实力给予的奖赏，只是结果和身高产生了相关性。"是的，没有人会拿身高做文章，只是在 CEO 的立场看来，优秀的领导力、人际关系、适应能力和自信等品质，偏偏就是个子越高的人具备越多，又能怎么办呢？

个子高的人往往从小个子就高，所以从小就会被推选为组长、班长，他们就这样慢慢具备了领导和管理的能力，形成了对竞争有利的性格，这些必然会成为日后得到公司认可的重要资本。就这样，虽然没有任何人将身高作为竞争的条件，但是从结果来看，身高在竞争过

---

[1] 此数据来源于诚信女子大学经济学教授朴基成和仁川大学经济学教授李仁载的论文《韩国劳动市场的身高红利》。针对 1548 名参与 2008 年韩国劳动小组调查的三十至五十岁男性劳动者，分析了身高与薪酬的关系，研究结果显示，身高每高 1 厘米，平均年薪增加 1.5% 的"身高红利"（height premium）确实存在。——原书注

程中会不知不觉地成为某些人的优势。

教育社会学领域有很多相关研究，有一项关于"教师区分优等生和差生时会受到学生出身阶层影响"的研究很值得反复咀嚼。研究者阿伦·西库雷尔和约翰·基茨塞仔细观察了某高中重点班与普通班的分班过程，发现老师不是只根据客观资料决定一个学生去留，而是掺杂着对学生言语行动的个人看法，甚至会考虑学生父母施加的压力，等等。[35]

举个简单的例子，A 和 B 是一个班里的朋友，成绩差不多，但是 A 家里很有钱，而 B 家里很困难。假设因为人数限制，二人中只有一人可以进入首尔大学重点班，这时老师会怎么选择呢？根据阿伦和约翰的观察，老师先是开始担心 B 能不能在重点班里好好学习，然后根据自己的想法断定 A 更有可能好好学习，于是选择了A（并且这名老师也很害怕如果让 A 落选，他那有钱的父母会对此有什么反应，如果父母闹起来，质问"为什么我的孩子落选了"，这名老师没有把握可以说服）。就这样，B 也具备社会所强调的能力，却轻易地被剥夺了机会。可是，能说这位老师是根据家庭情况差别对待学生的老师吗？

如果一名老师只因为哪个学生住在二百平方米的公寓里就偏心于他，那才是真的坏老师。然而，从老师的立场来看，家庭环境好的孩子往往拥有很多"讨人喜欢"

"我们赞成差别对待"

的特点。比如这些孩子作业完成得好，懂得多，拥有旺盛的好奇心，所以他们肯定也经常被夸奖。在平等教育过程的角落里，像这样不公正的竞争数不胜数——过程的公正性里掺杂着许多个人意志无法转移的社会因素。

"抗打"的社会学

二十多岁的年轻人，不仅得不到机会均等，还要亲身经历很多让人质疑过程公正性的事。然而，这时自我开发书登场，展开令人瞠目结舌的诡辩："所有人都在经历不公正的过程，所有人的条件都是一样的！"

自我开发书著名作家兼明星讲师金美京，在演讲中提过次数最多的词语之一是"抗打"，意思是说要学会忍耐，努力战胜追求成功（事实上也不是成功，只是为了在这个世上坚持下去）的过程中遭受的歧视和蔑视。乍一听是发自肺腑的安慰，但她忽略了一个大前提——一个人承受的东西，只有在其正当的时候，才有忍耐的意义；或者即使是不当的，在平等地施加给全部参与者的情况下（例如韩国的军队服役制度），才有必要努力忍耐和坚持。如果不考虑这个前提，只是一味地让人忍耐、坚持，强调"抗打"，那岂不是在说打人者无罪吗？

让人误以为所有人的艰难程度都一样，所有人都要经历过程的不公正——最后，在这个逻辑里活下来的只会有两种人：一种是相对没有受过太多伤害的人，因为没有那么痛苦，自然也就能坚持得更久，这也代表过程的公正性已经被破坏；另一种就是本身极度坚强，可以战胜巨大苦难之人。

我们假设这样一个场景，一个人毕业于延世大学，一个人毕业于地方大学，两个人都有着成为大企业高管的梦想。假定两个人入职公司时没有任何实力差异，且这个公司升职的机会也是完全公平的，那么两个人升为高管的可能性是一样的吗？当然不是，因为周围人对他们的看法也存在不公正的因素。比如，他们都在公司犯了一个小错，遭到首尔大学毕业的某上司的蔑视："难怪是地方大学 / 延世大学的，这点事儿都办不好……"这个时候两个人感受到的耻辱和痛苦是一样的吗？感受到的学历歧视的严重程度又是一样的吗？

二人之中，谁会更"抗打"一些？谁能在这种待遇下坚持得更久一些？按常理来说，应该是那位延世大学的朋友。究其缘由，延世大学的人只会在首尔大学面前变得卑微，而地方大学的人则是经常受到这样的屈辱，因为自认为能蔑视地方大学的人实在是太多了。不仅是首尔大学出身的上司，西江大学、成均馆大学、中央大学、国民大学、祥明大学等学校出身的上司数不胜数，几乎所有上司都可以看不起他。结果就是，就算犯了同

　　　　　　　　　　　"我们赞成差别对待"

样的错误，地方大学的人也会被"打"得更多、"打"得更疼。

可能有人会问，周围人的看法对个人实力的发挥能有多大影响？皮格马利翁效应[1]就能很好地回答这个问题。最典型的例子就是老师对学生的期待与偏见，最终会反映到学生的成绩上——在实验中随机选取20%的学生，告诉老师他们是"高智商学生"，8个月后，这些"高智商学生"的成绩提高了；反之，被老师认为"能力不足"的学生成绩下降了。类似多个实验都证明了周围人的信任与期待会给本人带来很大的影响。

我们把地方大学和延世大学的两位朋友代入一下看看。如果在公司里总是听到"你也就这样了""你就这个水平吗"的责难，地方大学的朋友肯定会常常处于卑微和不安的状态，公司自然就会重用看起来相对更有自信的延世大学的人。这样下去，两个人得到的机会就会产生差别，而这一差别实际上会被看作是两个人的"实力差距"，最终"实力差距"又会成为学历等级主义的合理根据。

肯定有无数人想问：不管怎样，竞争社会里差别待遇肯定是不可避免的，还有什么衡量尺度能比能力更客观呢？每当我在课堂上讲起学历等级主义可悲的现状

---

[1] 又称罗森塔尔效应，指高期望可以提高特定领域绩效的心理效应。

时，都会有学生提出反对："那也不能否定能力本身存在差距，像公务员这种只看成绩的考试也是排名靠前的学校合格率更高啊。"

我并不否认各学校在现实中存在着实力差距。实际上，公务员、大企业录取等考试，也确实是应试者学校排名越靠前合格率越高。但是，这并不能作为歧视正当化的根据，为什么？因为在差距产生的过程中早已混入了不公正的因素。

在 CPA（注册会计师）考试中，决定合格与否的因素中并不包括学校名字，所有人机会平等，结果只由成绩决定。我认识的在俊和范振都准备过 CPA 考试，在俊是首尔名校毕业，范振是京畿道某高校毕业。他们俩第一年都没考过，之后在俊第二年考过了，现在在首屈一指的会计师事务所工作，年薪高达 7000 万韩元；而范振则放弃了 CPA 考试，准备考公务员，现在在一家制药公司做销售职员，每月底薪 120 万韩元，运气好的话加上提成能有 300 万韩元。那么，二人现在的生活是公正竞争的结果吗？CPA 考试没有学历变数的介入，结果就是公正的吗？

就像所有的考试一样，CPA 考试也分为几个阶段：想要挑战一下的计划阶段、实际下定决心后的准备阶段、最终应试阶段、失败之后的再挑战阶段。在俊在下决心这个阶段就是十分自然的，从进入工商管理专业开

"我们赞成差别对待"

始，周围的同学就经常聊到："你打算什么时候开始准备CPA？"教授们在课堂上也常说："像各位这样的人才……像我们学校的这个水平……"不知不觉间他就有了自信，下定决心之后父母也会鼓励他："你一定可以的！"然而范振的情况却不同。首先，他的学校里根本没人关注CPA考试，别说提供有用的经验了，甚至还会被嘲讽"我们这水平考什么CPA啊"。父母也毫不关心，他们甚至都不清楚那是个什么考试。

正式准备考试的过程更是天壤之别。在俊加入了学校的考试班，考试班设在新建的功能最先进的大楼里，楼里不仅有浴室，还有充足的休息空间，是全身心投入学习再合适不过的环境了。学校还请来了鹭梁津[1]"考试村"的优秀讲师讲课，同门前辈也会组织聚餐犒劳大家，聚餐时还能收获很多有用的考试情报。在俊就在这样的环境里，按部就班地准备考试。甚至恋爱的时候、踢球的时候、看电影的时候，也都是和考试班的同学在一起，一天二十四小时的每一个瞬间，都成为充满考试信息的有意义的时间。

而范振是孤立无援的。他不知该如何开始准备，所以去了培训班，光是路上来回就要三小时。培训班的课程是面向有一定基础的学生的，对于毫无基础的范振来

---

[1] 位于首尔市铜雀区的商业区，以聚集了众多考试辅导机构而闻名。

说还是很难。这样踌躇着，转眼就过了几个月。

第一次考试，两个人都没考过。但在俊感受到的都是鼓励他再挑战一次的氛围，朋友们都觉得没什么大不了的："这次就当练习了，下次一定能考过的！"教授则会强调在俊原来的实力并不止如此："这次大概知道考试是什么样了，下次发挥实力一定没问题的！"身为大企业董事的父亲没有表现出一点失望，也一点都不着急，他说："不要想着赚小钱，稳扎稳打地准备吧！"就这样，又准备了一年的在俊在下一次考试中合格了，现在进了四大会计师事务所工作。

再看范振这边，他到现在都忘不了没考过时家人的反应。他的母亲不希望他再战，希望他赶快开始赚钱："说实话，很勉强吧？你爸现在还在生病……"弟弟的话更难听："开始我说什么来着？我说没说你这就是在浪费时间？哥你能不能懂点事，爸现在这样，你还在这儿浪费时间和钱！"好像这一切都应了他的预言。一个后辈很唐突地劝他说："前辈，我听说了，说实话，就我们这个水平怎么考得过？你是不是在没有希望的事上投资太多了啊？"这样下去人是会疯的，在这种情况下还能靠意志坚持下来的人能有多少呢？全世界的人都在对范振说——你本来就是考不上的家伙！

于是，范振就会想：我会不会真的是在浪费时间？然后开始考虑别的出路，就这样，范振放弃了CPA，转

　　　　　　　　"我们赞成差别对待"

战公务员考试。考虑了两周五级行政考试，又考虑了两个月七级公务员，最终选择了准备九级公务员。但这条路也不顺利，每当想到如果这个也考不上，别人会怎么嘲笑自己，他心里就七上八下的。最后，范振通过一个前辈的介绍，成了一家小制药公司的销售员。

社会总是把最终结果看作是个人实力差距的客观体现，比如 CPA 合格率、考公合格率、大企业就业率、托业分数等。但是，把随着实际情况和环境而变化的竞争力，视为一个人的绝对竞争力，显然是不公正的，抛开这些问题只谈所谓的能力差距是不合理的。

结果是正义的吗？

我们总是相信，只要机会是平等的，过程是公正的，那么结果也会是公正的。如今的大学生们坚决反对非正式员工转正的逻辑核心，就是如果机会和过程都没有问题（虽然如我们前面看到的，大多数情况下公平公正只是错觉），就要自己对结果负责。但是，只要机会和过程是公正的，结果无论是什么样子，都必须接受吗？举个例子，在一个社会中，家长一天工作八小时，即使达不到富有，也能保证三人家庭的温饱；而在另一个社会中，家长每天拼命干活还不足以养活自身。所以，就算机会和过程能达到公正，最低工资标准和劳动环境的条件差别，也能让结果变得如此不同。

如果出发点与过程都做到了十分公正，那为什么结果还是非正式员工的薪资只有正式员工的 46%，哪怕二者的工作完全一样，甚至非正式员工更累？非正式员工中，能获得一小时的基本午饭时间保障的只有 64%；他们的最低时薪连一个汉堡都买不起，想涨 100 韩元工资，企业都面露难色；他们为了减少每年都面临续约问题的不安，呼吁增加正式员工的名额，也被说成"不遵守自由竞争的规则"。所以，年轻人即使上了大学，为自身投资了十六年之久，最后也依然不得不成为贫困阶层。在某些国家，用五成的精力生活也可以组建家庭，用不了多长时间还能置办新房，偶尔还可以出去旅行。为什么在韩国即使用上十成甚至透支的精力来生活，还经常对未来感到不安呢？这样的结果真的公正吗？这所谓的公正到底指的是什么？

月工资只有 110 万韩元的大学清洁工人，为了提高伙食费补贴举行示威。我在课堂上和学生讨论这件事，有个学生却说："110 万也不是最低工资，这钱也不少啊？"

这钱不少吗？工资 110 万韩元，按一人一顿饭平均 4000 韩元计算，扣除三人家庭一个月的餐费（4000 韩元 ×3 人 ×3 顿 ×30 天），最后只能剩下 2 万韩元。如果这个人的收入是家中的主要经济来源，那这家人可能连最平常的水果都吃不到；如果有人不幸生病，这个家甚至可能分崩离析。他们的子女从上大学开始就被学费贷款压得喘不过气，家里只会变得越来越困难。如果是好吃懒做的人也就不委屈了，可那些凌晨坐第一班公交上班，在学校包揽了一切脏活累活、努力生活的人，也一样看不到希望！因为在现在的韩国社会，"110万韩元"根本不够一个三人家庭生活，这是公正的社会吗？

所以，出发点和过程公正，不代表结果也能实现公正。结果公正才能真正实现社会公正。假设做到了出发点和过程的公正，结果却是普通百姓一天努力工作八小时也无法维持三人家庭最低限度的生活，社会就应该弥补这些不足，真正在结果上也实现公正。调查学业成就与阶层变数密切关系的"科尔曼报告"[1]在结果的公正性这一点上给了我们很大的启示。报告强调，在父母的阶层对结果有很大影响的社会中，只凭赋予教育机会这种"发善心"式的福利是无法解决社会不平等的。因为由此得到的结果本身就不公正，为了减少差距，应该给

---

[1] 20世纪60年代，美国社会学家科尔曼和其他几位学者受美国国家教育统计中心委托，撰写了一份关于美国教育平等程度的报告（"科尔曼报告"），题为《教育机会平等》，有超过65万名学生作为调查样本。该报告提出，不同族裔群体的学生在校成绩差异的唯一一致变量是其父母的教育和经济成就。学生的家庭背景和父母的社会经济地位、对待教育的态度在决定学生成绩的方面起到更重要的作用，而学校和教师水平的差异实际上对学生成绩的影响较小。

予直接的补偿。

回头看看我们如今的现实，一切由不公正的机会和过程引起的结果，都是由受害者自己承担的。所以在这样的氛围下，大家都认为非正式员工得到不当待遇是因为他们自己不争气，大学生被排名更高的学校学生歧视也是因为他们自己能力不足，这样的例子前文已经列举太多了。

在本书出现的二十多岁大学生，在被自我开发逻辑深深渗透的同时，形成了一种归咎受害者的意识。其实一个人在竞争中失败的原因掺杂很多变数，这些变数中，唯独不应该包括"不够努力"。对于在出发点和过程中遭到不公正待遇的人们，我们的社会至少应该在结果的公正上给予充分的补偿吧。

"我们赞成差别对待"

尾 声

快停下那些安慰吧!

我写这本书，是想展示如今二十多岁年轻人的真实处境，以及那处境中的压力究竟有多沉重、多可怕。他们比任何人都清楚，自己一步踏错就会跌入人生的深渊，于是他们不得不倾听围绕在耳边的建议，最终依照这些建议踏上"可以赚钱的路"，而不是"自己想要的路"。为此，他们必须无条件地做其他人都会做的事，因为那是经过了最多次验证的方法。就这样，他们的所想所为全都被限制在了既定的框架里。

虽然我的本意是原原本本地展现被驯化的二十多岁年轻人的状态，但是在写作的过程中，我常常会对他们感到十分抱歉。我连一个痛快的解决方法都提不出来，美其名曰以社会学的角度展望，又何尝不是故意把放大镜对准了他们最赤裸的样子呢？我虽然很自豪可以在课堂里与学生热烈讨论如今的年轻人是如何被压迫的，以及压迫造成的后果，并且相信这是我对这些孩子独特的社会学安慰方式，但是我们的共鸣就到此为止了。一旦

"我们赞成差别对待"

离开课堂，二十多岁的年轻人就会再次被巨大的壁垒挡住去路，他们根本无力攻破。

这一点，从一个学生发来的邮件中就可以清晰地感受到。其实也不是什么特别的案例，邮件的中心内容是"讨厌妈妈"，为什么这么说呢？因为妈妈总是"蛮不讲理"。妈妈说"人生就是这样"，然后把他送入了能报考的分数最高的学校；说"赚不到钱"，让他放弃了喜欢的历史专业，选了工商管理专业；因为"怕有人误会"，不希望他上某些文化课；说"没有别的办法"，在某一天突然给他报名了托业辅导班，然后送他去外语研修；说"念在妈妈这么辛苦的分儿上你一定要成功"，硬要他进入 S 集团工作；妈妈奉行"走别人走过的路是最安全的"，让他成为公司需要的人才，强调推卸责任是企业最不喜欢的行为，一定要随时保持积极向上的面貌；还经常买市场上最畅销的自我开发书让他看。这个学生向我诉苦：在这种快要窒息的环境下，除了自己努力去适应，到底还能怎么办？

是的，现在二十多岁年轻人的童年，是在 IMF 外汇危机后"金钱至上"的世界度过的；而他们的青春，是在"就业至上"的大学中度过的。他们被灌输着"世上本就如此"的道理，为了成为畅销的商品，不得不走上千篇一律的道路。他们不能对此提出任何的质疑，只有投身于自我开发，才是被允许、提倡和鼓励的。

但是，自我开发的世界强迫所有人"变得炽热"，其实是极其愚蠢的，道理很简单。自我开发一直在教授人们如何进入理想的公司，这种做法毫无疑问地提高了全体人员的平均实力，然而企业却不会对他们采取"绝对评价"，即不会因为达到了一定的标准就接收所有人。最开始能通过那扇门的就只有最上层的一小部分人，就连相对评价中 A 等级的位置也在不断减少。还有不被考虑实力只因为处在底层就被评价为 C 等级的人，他们的待遇也越发恶劣。因此，个人的剥离感只会呈指数级扩大。就这样，在社会问题没有得到社会解决的状态之下，盲目进行自我开发只会让受伤的人越来越多。

成为"超人"才能活得像个人的社会，是无能透顶的社会。让人们抱着微乎其微的希望，试图用超人般的努力打破社会结构壁垒的，就是充满自我开发故事的世界。现在的年轻人只能用自我开发书的观点去看待世界，为了忍受自我控制的痛苦，他们给自己竖起一张防护网。他们知道，在承认自己遭受的歧视不合理的那一刻，就会成为"自我开发的失败者"，所以他们只能去肯定"社会歧视""差别对待"。他们不仅知道自己在承受着歧视，也会将歧视别人的行为正当化，就这样，对学校排名等级化的执念成了最普遍的自我防御机制。

不过才二十出头的孩子们，一进大学就开始互相比较是不是外国语高中毕业、有没有在外国生活过、是不

"我们赞成差别对待"

是居住在江南三区……如果愚人节举办穿回高中校服的活动，可能只有来自几所特殊目的高中[1] 和首尔大学升学率高的高中的学生才会感到享受。不管怎样都要凸显自己的价值，践踏他人的价值，这种蔑视让"忠清圈"大学的学生在被问到上的哪个大学时，只敢模糊地回答"天安的一所学校"。我们学校？除了首尔几所大学的学生之外，别的学生都不怎么用"我们学校"这个说法。

首尔大学的很多学生把地区均衡选拔者贬低为"地均虫"，把机会均等特别选拔者（低收入阶层、农渔村、残障学生等）贬低为"机均虫"。他们以"有些人在'特目高'里拼命地学习，有些人却在地方玩玩就能上首尔大学"的逻辑公然地蔑视他们。[36]

鹭梁津某辅导班的走廊墙壁上贴着一张纸条，上面写着"现在在这里吵闹的人，以后会成为 ×× 大学的学生"，二十多岁的年轻人就是这样维持同辈世代之内的不均衡状态，并且这种世代内的问题必然难以在外部显露。

所有人都在蔑视着别人，也在被别人蔑视，所以他们投入了所谓"一分耕耘一分收获"的自我开发，但这不过是一种早晚会回到原点的闭环罢了。为了摆脱这艰难的现实，为了守护自己积累的资本，他们利用时间管

---

[1] 韩国的一种精英高中，学费高昂。

理这一差别化工具，奉行将学历等级化的生存战略，本期待以此来逃离现实的苦战，最终发现那只是又一个沼泽和陷阱。就这样，二十多岁的年轻人变得越来越冷漠。

现在，我们真的需要果敢地以"问题"的形式正视二十多岁年轻人现在的样子，这是变化的开始。但给出建议要慎重，难道他们看不到这个世上先放弃的人就会先完蛋吗？他们不是在贪婪地追求比别人过得更好，只是陷入了被他人排挤的恐惧中而已。

我们梦想生活在即便只抱有平凡目标也能活出个人样的社会。如果能努力减少一些以"闭嘴，只要成功 / 自我开发就对了"的逻辑来判断世间万事的谬误，我们也就能更接近一个无须奉劝"逃离"的健康社会。只有当"治愈"这种词不再被需要，"疼痛的青春"才能越来越少。因此，如果真的爱他们、为他们好的话，马上放下那些自以为是的"鸡汤"吧。

这本书完成之际，首先，我要对策划了这本书的盖马高原出版社表示深深的感谢。作为一个看不惯世间万事的社会学讲师，我在日常生活中也经常抒发对社会的不满。对此，我挚爱的妻子给予了我无限的表达和思想的自由，还有陪我走过无数旅程的、如挚友一般的女儿海瑞，以及在我写作过程中出生的儿子海俊，我对他们

　　　　　　　　　　　　　"我们赞成差别对待"

的感谢之情难以言表，盼望我们的共同课题"后现代化家庭共同体"能够完美地完成。

此外，我还要感谢我曾经的指导教授，西江大学社会学系的全尚振教授。全教授的教学方式，不仅能减少未知，还做到了拓宽已知。为此，即便是我这样愚笨的弟子不着边际的想象，教授也给予了充分的尊重，我得以意识到看不惯世间万事的社会学，其实是一门很有人情味的学问。如果没有我的教授，这一切都是不可能的。

最后，我想表明一点。无论来听我课的学生是不是仅仅为了得到一个更好的分数，如果没有他们和我一起进行认真的社会思考，就没有这本书的开始与完成。对此，我想向在同德女子大学、牧园大学、西江大学、世宗大学、亚洲大学、安阳大学（按韩文字母排序）见过的学生，以及通过他们认识的学生们，表示衷心的感谢。书中重现的讨论情景和非正式的采访对话可能存在一定的误差。如果你发现了这些瑕疵，还请回想起我们一起热烈讨论时的心潮澎湃，一笑而过吧。

参考文献

1 朴秀润记者,《没有工作也没有钱, 挨饿的二十多岁年轻人……不吃午饭的比例最高》, 韩联社, 2013.2.3.

2 徐敏俊记者,《43% 刚毕业的大学生未参与经济活动》,《首尔经济》, 2013.4.17.

3 韩允亨, 崔泰燮, 金正根,《热情如何变为劳动》, 雄进知识屋, 2011.

4 韩允亨, 崔泰燮, 金正根,《热情如何变为劳动》, 雄进知识屋, 2011.

5 全相镇,《自我开发的社会学: 除了自我开发, 我们到底还有什么备选方案?》,《文化与社会》, 2008 年 Vol.5.

6 伯纳德·斯皮茨,《世代间的战争》, 朴恩泰, 张幼静译, 经筵社, 2009.

7 严基浩,《谁都不要照顾别人》, 低山出版社, 2009.

8 高载烈记者,《大学里屡战屡胜的清洁工阿姨》,《时事IN》122 号, 2010.1.21.

9 李庆元记者,《教清洁工人英语的大学生》,《首尔新闻》, 2011.4.15.

"我们赞成差别对待"

10　严基浩,《谁都不要照顾别人》, 低山出版社, 2009.

11　徐东振,《自由的意志, 自我开发的意志: 新自由主义韩国社会自我开发主体的诞生》, 石枕出版社, 2009.

12　朴泰宇记者,《高丽大学学生"只为了自己的斗争"》,《韩民族日报》, 2012.3.14.

13　李在勋、朴贤珍记者,《"我们不录取你们学校的学生", 哑口无言……与其愤怒不如积累实力》,《韩民族日报》, 2012.2.20.

14　李政奎,《韩国社会的学历学阀主义: 根源和发展》, 集文堂, 2003.

15　严基浩,《谁都不要照顾别人》, 低山出版社, 2009.

16　金亨旭记者,《89% 的大学生"感到同学间竞争激烈"……大多数感到有压力……每四人中一人"压力很大"》,《亚洲经济》, 2011.4.21.

17　朴秀珍记者,《谁壮大了工商管理: 就业突破口共识扩大, 大学全力投资》,《韩国经济杂志》689 号, 2011.

18　齐格蒙特·鲍曼,《工作、消费主义和新穷人》, 李秀英译, 天地人出版社, 2010.

19　米基·麦吉,《自助有限公司: 美国生活中的改头换面文化》, Mojosa, 金相化译, 2009.

20　李元硕,《伟大的骗局》, Bookbuybook, 2013.

21　金善柱记者,《李明博总统第四次广播演讲》, *Newsis*, 2008.12.1.

22　郑世镇记者,《大韩民国, 向着共存: 小溪里出不了龙》,《东亚日报》, 2010.8.17.

23　张德振、宋镐根等,《危机的青年世代:寻找出口》,Nanam,2010.

24　朴秀莲记者等,《首尔大学录取,外国语高中毕业 307 名→403 名,录取率最高 20 校一般高中仅占 3 所》,《中央日报》,2011.2.23.

25　朴大海议员室,《首尔市当地大学学费贷款信用不良者 4083 名:国民大学 299 名,世宗大学 293 名,拖延还贷者 6414 名》,2011.7.4.

26　全明善记者,《35% 首尔·延世·高丽大学学生为收入上层 10% 家庭子女》,《韩民族日报》,2012.3.2.

27　安敏锡议员室,《从统计上看大学变化:1995 年“5·31 教育改革案”到 2010 年》,2011.10.13.

28　申明浩,《为什么富裕家庭的孩子学习更好?社会阶层间的学历资本落差及养育习惯》,Hanul,2011.

29　金京勋记者,《首尔大学学生的最佳导师?教授您让人失望了》,*ohmynews*,2011.7.4.

30　金惠美记者,《就业履历上的外语能力和父母收入有关……和学分无关》,《中央日报》,2013.6.4.

31　权永吉议员室,《收入不同,梦想也不同:不同收入与不同学校的理想调查报告》,2010.10.

32　权永吉议员室,《外国语高中与私立高中学生父母职业分析报告》,2009.4.29.

33　千官律记者,《梦想两极化:江南学生的梦想是医生,其他学生的梦想是公司职员》,《时事 IN》162 号,2010.10.23.

　　　　　　　　　　　　　　　“我们赞成差别对待”

34 丹尼尔·里格尼,《恶劣的社会：名为平等的谎言》,
    朴瑟拉译，21世纪之书出版社，2011.

35 金信一,《教育社会学》第4版，教育科学社，2009.

36 赵成恩、朴耀镇记者,《"不是朋友是虫子?"让
    人寒心的首尔大学学生孤立文化》,《国民日报》,
    2013.10.15.

SPRING 野
更具体地生长

主　　编｜徐　狗
策划编辑｜徐子淇
特约编辑｜徐子淇　徐　露

营销总监｜张　延
营销编辑｜狄洋意　许芸茹　韩彤彤

版权联络｜rights@chihpub.com.cn
品牌合作｜zy@chihpub.com.cn

野望 SPRING MOUNTAIN

出品方　春山望野（北京）
文化传媒有限公司

Room 216, 2nd Floor, Building 1, Yard 31,
Guangqu Road, Chaoyang, Beijing, China